智慧高速公路建设理论与实践发展研究论丛

智慧高速公路理论与实践总论

冉　斌　陈祥辉　张　健　编著

人民交通出版社股份有限公司
China Communications Press Co.,Ltd.

内 容 提 要

《智慧高速公路理论与实践总论》是丛书的首册，统领丛书的内容。本册共 5 章，主要内容包括：智慧高速公路概述、智慧高速公路发展需求、智慧高速公路运营与服务智能化平台总体设计、智慧高速公路运营与服务智能化平台建设技术要求、智慧高速公路建设实施办法。

本书可供从事智慧高速公路管理、设计、建设工作的人员使用，也可供相关工作研究人员参考。

图书在版编目(CIP)数据

智慧高速公路理论与实践总论 / 冉斌，陈祥辉，张健编著. — 北京 ：人民交通出版社股份有限公司，2015. 11

ISBN 978-7-114-12549-2

Ⅰ. ①智… Ⅱ. ①冉… ②陈… ③张… Ⅲ. ①信息技术 - 应用 - 高速公路 - 道路建设 - 研究 Ⅳ. ①F542. 3-39

中国版本图书馆 CIP 数据核字(2015)第 244605 号

智慧高速公路建设理论与实践发展研究论丛

书　　名：智慧高速公路理论与实践总论
著 作 者： 冉　斌　陈祥辉　张　健
责任编辑： 韩亚楠　郭红蕊
出版发行： 人民交通出版社股份有限公司
地　　址： (100011)北京市朝阳区安定门外外馆斜街 3 号
网　　址： http：//www. ccpress. com. cn
销售电话： (010)59757973
总 经 销： 人民交通出版社股份有限公司发行部
经　　销： 各地新华书店
印　　刷： 北京盛通印刷股份有限公司
开　　本： 880 × 1230　1/16
印　　张： 10. 25
字　　数： 278 千
版　　次： 2015 年 11 月　第 1 版
印　　次： 2015 年 11 月　第 1 次印刷
书　　号： ISBN 978-7-114-12549-2
定　　价： 98. 00 元
(有印刷、装订质量问题的图书由本公司负责调换)

参 编 单 位

东南大学

江苏交通控股有限公司

江苏高速公路联网营运管理有限公司

江苏宁沪高速公路股份有限公司

江苏扬子大桥股份有限公司

江苏广靖锡澄高速公路有限责任公司

序言

FOREWORD

经济全球化和社会信息化是当今世界发展的重要标志，继互联网技术之后，物联网、云计算、大数据等技术的迅猛发展，极大地加速了经济全球化和社会信息化的进程，使人们的沟通和联系越来越便捷。信息技术已经深入社会经济活动的各个领域，改变着我们的生活，影响着我们的行为方式。

智慧交通是当今国际交通运输领域的发展前沿之一，它是高新技术在交通领域集成应用的产物。从国内外智慧交通的发展和应用看，其是信息技术与传统产业结合而创造出的新领域，智慧交通借助新一代信息技术的发展，既能提升交通服务水平、实现现代交通运输服务，又可为国家战略性新兴产业提供广阔应用环境。新一代信息技术在交通领域的应用，不但使交通服务更加丰富和人性化、使交通运输系统效率更高，还将在信息技术与交通科学技术的交叉点上产生创新。可以说新一代信息技术发展，既为智慧交通发展提供了新动力，也是交通领域加快转变经济发展方式的具体体现。

智慧交通是提升交通运输服务水平的有效途径，也是推动交通运输转型升级的重要支撑。2011 年 6 月，交通运输部出台的《公路水路交通运输“十二五”科技发展规划》(交科技发〔2011〕234 号)，明确交通运输科技发展必须紧紧围绕科学发展这一主题、加快转变发展方式这条主线，着力提高创新能力，持续推进科技进步与创新，支撑和引领交通运输科学发展。高速公路是交通运输体系的一个重要组成部分，对国民经济和社会发展起着重要作用。高速公路网作为重要的交通基础网络，加快路网建设、创新发展、提高信息化智能化水平已是大势所趋，许多先进创新成果的应用已成为高速公路路网持续发展提升的核心驱动力。

智慧高速公路是智慧交通发展中的重要环节，其核心在于创新高速公路运行服务的体制机制和商业模式，整合资源、统一平台、共建共享、协同管理、智慧服务。经过近几年的发展，高速公路建设在交通事故应急处置、偷逃通行费防范打击、交通状态实时监测预警、公众出行全方式全方位服务等方面均取得了显著效果。打造智慧高速公路，将加快交通运输行业科技成果的转化，充分发挥科学技术在转变发展方式、发展现代交通运输业中的支撑和引领作用。加大新技术的集成、推广应用和关键技术的研究创新，能够提升高速公路运营与服务智能化信息化水平，切实解决智能化平台营运管理的各种问题，从而实现高速公路运行管理的跨越式发展。这与交通运输部部长杨传堂在全国交通运输工作会上提出的加快推进“四个交通”发展不谋而合。“综合交通是核心，智慧交通是关键，绿色交通是引领，平安交通是基础”。本套论丛对智慧高速公路建设发展的探求，正是“智慧交通”在高速公路领域的实例化体现，是对其深刻学习领悟后的创造性应用成果。

江苏省智慧高速的发展，从高速公路全路网信息化顶层设计、系统架构、数据采集平台、数据中心、指挥调度平台、公众服务平台、决策支持系统、运行维护系统、相关配套工程等多个方面进行了设计与实施建设。《智慧高速公路建设理论与实践发展研究论丛》在对国内外交通信息化智能化建设经验进行充分研究的基础上，结合江苏省高速公路信息化智能化的工程实践经验，分别从高速公路信息化总体工程、数据采集平台、数据中心、公众服务平台、指挥调度平台、运行维护平台等进行了系统分析与深入思考，并从理论分析与工程实践相结合的角度对高速公路信息化系统设计、实施等方面进行全面介绍。丛书提出了高速公路信息化建设的顶层设计思路与总体框架内容，系统阐述了数据中心在高速公路信息化建设过程中的重要位置，详细地介绍了高速公路信息采集技术、数据中心、指挥调度系统、公众服务系统、运行维护系统的功能与用途。丛书通过对江苏智慧高速公路这一交通运输部科技示范工程创新成果的凝练以及对信息化智能化建设成果的总结，为全国高速公路信息化智能化建设的推进提供了借鉴与参考。

现代科学技术发展日新月异，新技术应用与交通科技创新相辅相成、相得益彰。智慧高速公路的建设，将进一步丰富智慧交通的发展内涵，打造便捷、高效、绿色、安全的出行环境，推动现代交通运输体系服务水平提升，从而为我国社会主义现代化建设提供有力保障。

中国智能交通协会理事长

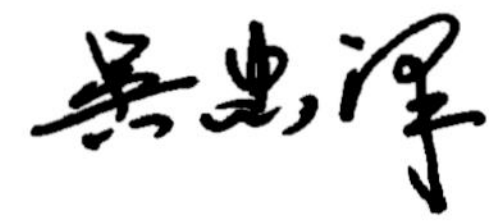

前言

PREFACE

《智慧高速公路理论与实践总论》是《智慧高速公路建设理论与实践发展研究论丛》系列丛书的首册，统领丛书的内容。本册率先明确了智慧高速公路的定义，并介绍分析智慧高速公路的发展历史和趋势；界定高速公路智慧化服务对象及其需求，从运营服务、网络通信、安全、先进技术等方面分析了智慧高速的功能与技术需求。以此为基础，提出高速公路运营与服务智能化平台的总体架构、功能和数据流；列出保障智慧高速公路建设的技术要求。概括性阐述了江苏省高速公路网运营与服务智能化平台的建设实施方法。

本册面向智慧高速公路管理者、设计者、建设者以及研究者，总体性阐述智慧高速公路定义、需求、总体设计、技术要求、实施方案。

本册内容有利于智慧高速公路管理者、设计者了解智慧高速公路发展的必然性和建设所需条件，为建设实施者提供了开展建设的经验，同时为从事智能交通系统的研究人员提供了理论与实践基础。

作　者

2015 年 10 月

导读

ITRODUCTION

《智慧高速公路建设理论与实践发展研究论丛》系列丛书以高速公路营运管理和公众服务的现代化、信息化和智能化为理论导向，立足江苏省智慧高速公路建设实践，旨在为高速公路营运管理者提供理论和经验借鉴，为智能交通系统理论的研究和实践奠定基础。本丛书共六册，包含《智慧高速公路理论与实践总论》、《智慧高速公路信息采集技术与应用》、《智慧高速公路数据中心建设与运营》、《智慧高速公路指挥调度系统建设与运营》、《智慧高速公路公众服务平台建设与运营》、《智慧高速公路运行维护管理系统建设》，详细阐述了智慧高速公路总体设计原理与建设实践、各重要子平台系统的理论和实践。

《智慧高速公路理论与实践总论》统领本套丛书，率先界定了智慧高速公路的内涵，阐述了智慧高速公路的发展历程，分析了智慧高速公路的服务对象及其需求，明确了智慧高速公路的功能与技术需求。在此基础上，结合江苏省智慧高速建设实践经验，提出了高速公路运营与服务智能化平台的总体架构、系统功能以及技术要求，并概括性介绍了相关建设实施方法。

《智慧高速公路信息采集技术与应用》分上下篇，分别为信息采集理论篇和信息采集实践篇。理论篇包括交通信息的采集对象和交通信息自动化采集方法两部分内容，并对各种采集技术进行了对比分析；实践篇以江苏省高速公路信息化平台信息采集系统为例，从需求分析、系统设计和系统布设原则及方案三个方面进行了全面的阐述，以期为其他省市智慧高速公路信息采集系统的建设提供参考与借鉴。

《智慧高速公路数据中心建设与运营》分上下篇，分别为数据中心理论篇和数据中心实践篇。理论篇包括数据中心的发展历程、经典架构、数据存储、数据挖掘、安全与节能、机房建设等内容；实践篇以我国第一个省级智慧高速公路示范区为例，系统介绍了江苏省高速公路数据中心的建设实践，以期为其他省市智慧高速公路数据中心建设提供参考与借鉴。

《智慧高速公路指挥调度系统建设与运营》分上下篇，分别为指挥调度理论篇和指挥调度实践篇。理论篇对指挥调度平台进行了概述，介绍了平台业务需求和设计架构，描述了指挥调度平台各系统的业务流程、功能等内容；实践篇以江苏省高速公路现有指挥调度业务、系统为切入，介绍了江苏省高速公路联网营运管理中心与各联网成员单位指挥调度平台的相关内容。

《智慧高速公路公众服务平台建设与运营》分上下篇，分别为公众服务平台理论篇和实践篇。理论篇介绍了公众服务平台相关的基本概念，分析了公众服务平台的特点、建设模式、国内外发展现状、分类、体系结构和绩效评估方法，阐述了公众服务平台涉及的通信传输、服务器端等多项关键技术；实践篇通过案例分析，进一步阐述了科技服务、企业、政府、科研机构四类公众服务平台，并重点介绍了针对江苏高速公路公众服务业务需求进行设计的江苏省高速公路公众服务平台的相关内容。

《智慧高速公路运行维护管理系统建设》分上下篇，分别为运行维护管理理论篇和实践篇。理论篇介绍IT服务管理、ITIL等相关理论内容；实践篇结合高速公路营运管理信息系统的独有特点，分析智慧高速公路运行维护管理系统特征和IT服务管理需求，探讨面向高速公路运营行业的IT服务管理方法，介绍了江苏省高速公路智能化信息平台的运维系统建设方案及相关内容。

在丛书的撰写和出版过程中，得到了众多行业领导、专家、老师们的关心与支持，在此表示衷心的感谢！衷心感谢交通运输部周伟总工程师、赵冲久总工程师，科技司庞松司长、洪晓枫副司长、邹力副巡视员，交通部西部交通建设科技项目管理中心杨新征副主任等领导一直以来对丛书的关心与支持。十分感谢交通运输部路网监测与应急处置中心李作敏主任、李爱民副主任，交通运输部科学研究院王晓曼书记，中国交通通信信息中心岑晏青副主任，交通运输部公路科学研究院总工程师王笑京和ITS中心李斌主任对丛书提出的宝贵意见。非常感谢江苏省人大常委会副主任、党组副书记史和平，江苏省交通运输厅游庆仲厅长、金凌副厅长、厅运输管理局蒋振雄局长、科技处王绍坤处长、陆毅副调研员，江苏省经济和信息化委员会信息化推进处赵卫强处长，对丛书写作与出版的支持和帮助。特别感谢江苏交通控股有限公司原董事长杨根林、总经理常青对丛书写作调研工作给予的大力支持。此外，感谢东南大学易红校长、刘京南副书记、王保平副校长、林萍华副校长、浦跃朴副校长、刘波副校长、郑家茂副校长、沈炯副校长、黄大卫副校长、党委宣传部毛惠西部长，东南大学土建交通学部王炜主任，交通学院秦霞书记以及过秀成教授在丛书写作和出版过程中给予的帮助。

在丛书的编写工作中，东南大学物联网交通应用研究中心的何赏璐、纪翔峰、杨彬彬、马春景、李梦甜、尹婷婷等研究生参与了《智慧高速公路理论与实践总论》分册的编写；张维、王浩森、李志伟、余东豪、丁婉婷等研究生参与了《智慧高速公路信息采集技术与应用》分册的编写；纪翔峰、展凤萍、杨彬彬、葛志鹏、余东豪等研究生参与了《智慧高速公路数据中心建设与运营》分册的编写；钟罡、李志伟、张雯靓等研究生参与

了《智慧高速公路指挥调度系统建设与运营》分册的编写；纪翔峰、聂建强、钟罡、杨彬彬、徐凌慧、余东豪、丁婉婷、黄帅凤、张雯靓、陈信超等研究生参与了《智慧高速公路公众服务平台建设与运营》分册的编写；王翀、余东豪、丁婉婷等研究生参与了《智慧高速公路运营维护管理系统建设》分册的编写。借此向所有参与本丛书编写的工作人员表示衷心的感谢！

此外，本丛书参阅了大量国内外相关文献资料，书中未能一一列出，借此也向这些著作和文献资料的原作者们表示衷心的感谢！

目录

CONTENTS

1 智慧高速公路概述

1.1 智慧高速公路内涵

智慧高速公路是大数据时代的高速公路新形态。它基于智慧理念，运用物联网、云计算等先进技术，通过对高速公路核心系统各项关键信息的感知、分析、挖掘，响应高速公路使用者和管理者的各类需求，从而实现高速公路的健康、和谐、可持续发展。

智慧高速公路是一个不断发展、不断完善的过程，是基于高速公路现有基础，利用新技术和现代化手段不断推陈出新的过程。不存在一个终极的智慧状态，或者达到某些指标就是智慧高速公路，随着技术进步和认识提升，智慧高速公路会不断丰富其内涵。因此，对智慧高速公路更加贴切的理解应当是“Smarter Highway”——一个更加智慧的高速公路，一个不断利用新技术、新手段、新机制、新体制，对各类资源进行科学配置，实现智慧管理和智慧服务的高速公路。

智慧高速公路囊括了营运管理智能化、驾驶技术智能化、机电设施智能化、材料设计智能化等高速公路信息化的多个侧面。本套论丛着重对高速公路营运管理信息化建设进行研究与解读，并以江苏省高速公路信息化建设为例，介绍高速公路营运与服务智能化平台的具体设计与实施方案，以供其他省市参考。

1.1.1 高速公路营运管理信息化内涵

高速公路营运管理信息化是信息时代一种全新的高速公路管理形态，以业务管理流程为依托，以信息和知识资源整合开发为核心，以提供安全、畅通、多元和个性化出行信息等公众服务为目的。实现不同层面、不同管理单元之间的信息高度集成与共享，能够为高速公路管理企业经营管理提供完善的信息支撑和服务。

具体来说，高速公路营运管理信息化是以高速公路日常营运管理工作为主要服务对象，以计算机网络与通信技术为基础，通过系统的集成，实现路网、路段信息资源共享与综合信息智能化处理，实现路网级高速公路管理机构、路段管理机构、收费站各级业务的交通监控信息、视频信息、收费信息、路政和养护等信息的综合处理，并为公众出行提供信息服务。

1.1.2 高速公路营运管理信息化意义

高速公路营运管理信息化系统的建设可以实现各级高速公路管理公司对交通监控信息、路政养护信息和收费信息等的综合处理，提高对紧急情况的响应能力，加强信息服务，为高速公路的科学发展和规范管理提供良好的基础。具体来说，高速公路营运管理信息化系统的建设可以实现：

1.1.2.1 信息共享

信息化系统建设涵盖了高速公路营运管理的关键业务，能够解决高速公路营运管理中部分环节存在的相互之间在功能上不关联互助、信息不共享互换以及信息与业务流程和应用相互脱节的“信息孤岛”，达到信息资源的高度集成和共享，做到信息一体化服务，提高信息资源的利用率。

1.1.2.2 辅助决策

基于日渐成熟的物联网技术和云技术，通过利用数据仓库、数据融合技术，结合决策者的需求，对海量数据进行存储、挖掘和分析，帮助决策者制订科学的决策。

1.1.2.3 主动响应

通过对高速公路运行情况进行的实时监控和广域的信息共享，能够获取高速公路交通运行和运行环境等的实时变化，通过对数据的融合、处理和分析，能够及时发现高速公路异常情况，做到预警信息的及时发布和救助的及时实施。

1.1.2.4 完善服务

信息化系统汇集高速公路运行过程中的实时信息，系统的建设能够实现从公众需求的角度出发，能够通过网站、微博、微信、手机、广播等发布工具，提供实时化、差异化、个性化的信息服务，提高了服务质量和服务效率。从公众需求的角度出发，也体现了以人为本的思想。

1.2 国外智慧高速公路发展概况

国外智慧高速公路起步早，投入较多，取得了显著的成果，可为国内智慧高速公路发展提供借鉴。

1.2.1 美国智慧高速公路发展

第二次世界大战后，美国高速公路经历了两次飞速发展，到20世纪80年代末，美国州际高速公路基本建成。目前，美国高速公路总长近10万km。20世纪90年代以来，美国高速公路进入周期性维护阶段，并开始将先进的电子通信与计算机技术应用于高速公路营运管理，大大提高了高速公路网的安全与效率。目前，美国高速公路仅占全美公路总里程的1.2%，承担着22.8%交通周转量，成为世界上最富效率的高速公路网之一。

1.2.1.1 信息化营运管理模式

美国高速公路营运管理是在美国交通运输部下属的联邦公路委员会和联邦公路交通安全委员会的监督领导下，由各州政府公路管理机构具体负责的，这点与我国相似。美国大部分高速公路属于免费公路，直接由州交通厅管理；收费高速公路则基本上是“一路一公司”，由州政府设立，经营较为独立。各州设立多个交通监控中心，全面监控记录管辖范围内的高速公路的营运情况，随时对突发情况作出反应，并且当地的警察机构多与这些监控中心合署办公，高速公路上的事故可以得到迅速处理，避免了交通阻塞和连续事故的发生。另外，美国还存在一些跨地区的协调机构，例如纽约—新泽西州—康涅狄格大都会地区(城市群及城市带)16个交通运输及公共安全机构共同成立了交通运营协调委员会(Transportation Operations Coordinating Committee，TRANSCOM)，它成立于1986年，主要目的是通过部门沟通和现有交通运输管理系统的加强利用实现区域交通管理。它主要提供三方面服务：

(1)利用先进的通信监控手段，通过100个机构及成员单位收集并传播实时交通事故或道路建设(影响交通)信息，为广大高速公路设施使用者提供服务。

(2)建立该地区高速公路改建、扩建工程项目计划数据库，为成员单位合理安排有关工程项目，避免相邻或相连路段因施工而影响其他道路畅通。

(3)在联邦公路基金资助下，通过技术开发计划，改进高速公路交通信息发送质量、电子收费系统技术及智能运输系统技术，确保成员单位之间的设备相互衔接、兼容，最大限度地提高该地区客户的交通运输机动性。

1.2.1.2 信息化系统组成

由于美国高速公路由当地州政府负责营运管理，各州情况有所差异，有的子系统是在美国交通运输部推动下，服务面向全国，例如511出行信息服务系统；有的系统由本州政府自建，具有本州特色，例如加利福尼亚州的PeMS系统。主要框架包括以下几个方面：

1)数据采集

交通数据采集系统由州政府自行建设。目前，美国各州主要采用的交通检测方式包括感应线圈、视频监控器、微波检测器、红外检测器、声波检测器、雷达检测器、地磁检测器、无线射频检测器、卫星定位浮动车技术以及手机蓝牙交通数据采集技术，例如，美国威斯康星州高速公路所采用的交通检测技术以及所占的比例，如图1-1所示。感应线圈早在20世纪60年代就开始广泛使用，它具有准确性和可靠性，到目前依然是交通数据采集主要方式之一。20 世纪 70 年代以后，视频图像处理装置开始广泛应用于高速公路监控；20 世纪 90 年代以后，基于卫星定位的浮动车技术开始用于交通流数据采集，目前已成为主要的交通流数据采集手段。例如，威斯康星州每个时段均有超过 3 000 辆装有卫星定位的浮动车运行在高速公路上；2000 年之后，随着移动通信技术的发展，手机开始成为交通信息探测器，它的覆盖范围广，成本低廉，能够提供丰富灵活的交通数据，且不受天气干扰，全天候工作。

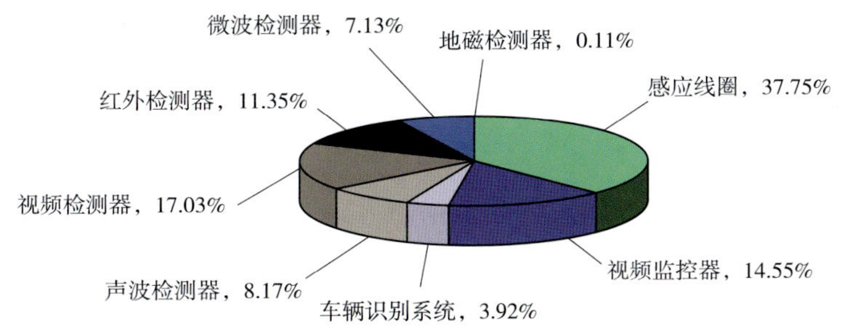

图 1-1　威斯康星州高速公路各种检测器所占比例

2) 交通信息平台

美国各州高速公路管理者一般会建有自己的交通信息平台，汇集数据、处理数据，支撑应用。数据的类型有两种，一是实时动态数据，包括各地交通控制中心、收费公路、移动运营商以及 911 台等数据源传来的速度、行程时间、事故、施工维护、天气、手机数据等；二是历史数据，包括州巡警的计算机辅助设计(Computer Aided Design，CAD)事故数据、交通厅交通事故查询系统事故数据等。数据处理分为线圈数据处理模块、收费站数据处理模块、卫星定位数据处理模块、事故数据处理模块、道路封闭数据处理模块。以威斯康星州为例，它的后台数据库管理系统为 Versant，数据格式基于 CORBA 的接口，这些数据经过处理，得到交通状态图、交通报告以及公众信息库等输出文件。

3) 高速公路运营监控系统

美国高速公路大部分由联邦政府资助建设，属于不收费公路，这些公路由州政府管理，州政府会分区域设置监控中心；少量高速公路属于收费公路，例如新泽西收费高速公路，由州政府设立管理公司，独立运营，每条路设置一个监控中心。目前，有的州已实现高速公路视频监控的 100% 覆盖，并能通过交通流数据，预测 5min 后的交通流状况，向公众提供服务。

4) 电子收费系统

对于收费高速公路，电子收费系统分为两种方式，一种是车辆在收费处需停车，用 IC 卡完成自动收费；另一种是不停车自动电子收费(Electronic Toll Collection，ETC)服务，ETC 服务又分为两种，一种是车辆缓行通过，另一种是车辆不减速，按照正常速度通过，如图 1-2 所示。最主要的电子收费系统是 E-Zpass 系统，1997 年该系统开始建设，目前 ETC 专用车道不停车收费系统承担了平均交易量的 43%，高峰时段甚至达到 55% ~60%。E-Zpass 系统采用了专用车道、混合车道两种模式，专用车道规定了时速不超过 5mile，并有相应标志牌提醒，确保收费人员和道路使用者的安全。

图 1-2　ETC 自由流式检测基站示意图

5) 出行信息发布

出行信息服务系统包括：各州高速公路管理者设置的动态信息板(Dynamic Message Shutter，DMS)、便携式可变信息板(Portable Changeable Message Shutter，PCMS)、高速公路路况广播电台、州交通厅网站、交通事件预警以及面

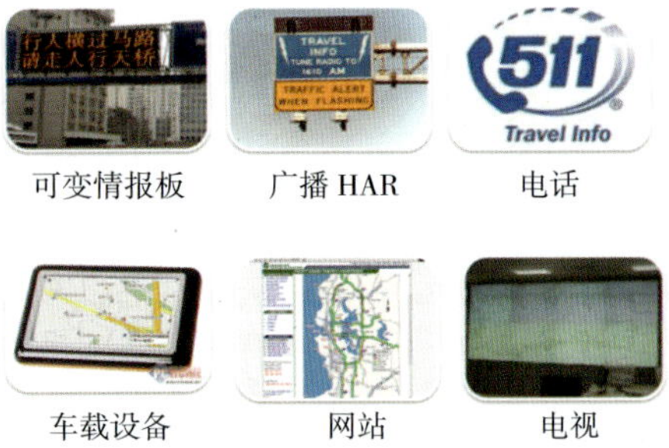

可变情报板　广播 HAR　电话

车载设备　网站　电视

图 1-3　不同出行信息发布方式

向全国的 511 交通信息服务系统等，如图 1-3所示。

511 交通信息系统于 2001 年开始建设，是目前全球最好的出行服务系统之一，经由美国公路和运输官员协会(American Association of state Highway and Transportation Officials，AASHTO)会同公共运输协会(American Public Transportation Association，APTA)和美国智能运输协会(ITS American)近几年的推广，现已颇具规模。现全美已有 30 个州运营“511”系统。该系统以实时道路引导和信息服务系统的实用性为目的，通过安装在道路、机动车、停车场以及气象中心的传感器和传输设备，向交通信息中心提供全面的交通信息；通过对各类交通信息的分析，向社会提供实时的道路信息、公共交通信息、预警信息、出行信息、停车信息等，其服务手段有互联网、呼叫中心等。服务行业已涵盖公路交通、城市交通、巡警、气象、餐饮、旅游、住宿、文体活动等众多领域。

除了“511”服务外，还有一些网络实时交通信息服务，例如 traffic. com 出行信息查询服务，如图 1-4所示。填入所在城市名或邮政编码，就可显示该地区网页，有高速公路交通拥挤状况图、交通状况摘要、畅通路段等信息。

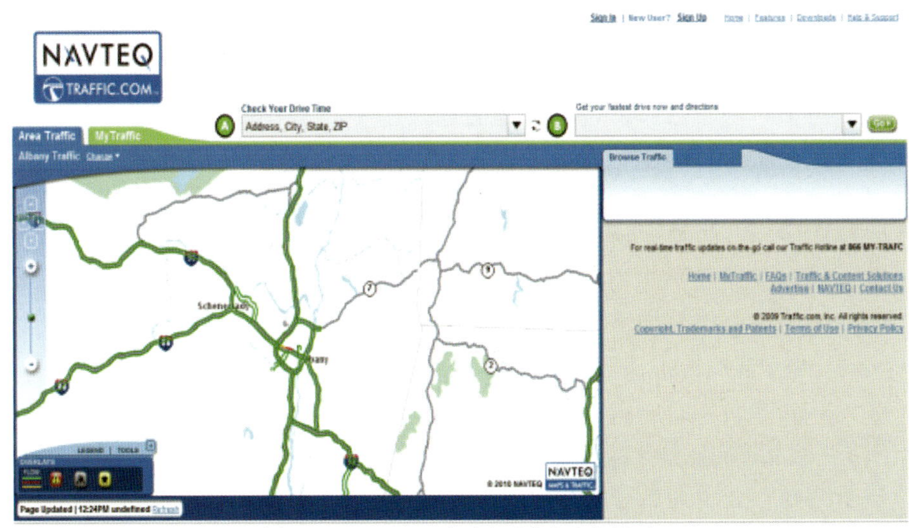

图 1-4　traffic. com 实时交通信息查询界面

1. 2. 1. 3　美国高速公路信息化系统案例

美国在高速公路信息化的建设方面已经取得较大成果，以下用案例说明美国高速公路信息化现状。

1) 美国威斯康星州 511 交通信息发布系统

威斯康星州(Wisconsin)(简写 WI)，位于美国中北部，面积列美国所有州中的第十六位。西北濒苏必利尔湖，东临密歇根湖。

威斯康星州已建成 511 交通信息发布系统的高速公路智能交通管理系统。511 交通信息发布系统是一个完全免费、面向全体交通使用者的实时信息发布系统，如图 1-5 所示。该系统的服务由威斯康星州的交通部门提供，使用者可以使用智能手机应用或者网页进入该系统进行查询。该系统是可视化信息发布系统，每条道路被标有道路信息，每个信息都标以不同颜色。

511 交通信息发布系统共包含 4 个子系统。

(1)交通事故查询系统(MV4000)

该系统(图 1-6)是由威斯康星州麦迪逊大学 TOPS 交通实验室维护的，向用户提供自 1994 年以来威斯康星州的交通事故数据。用户可根据事故时间范围、事故地区范围、事故类型等进行查询。事故信息由交警上报并保存在数据库中。

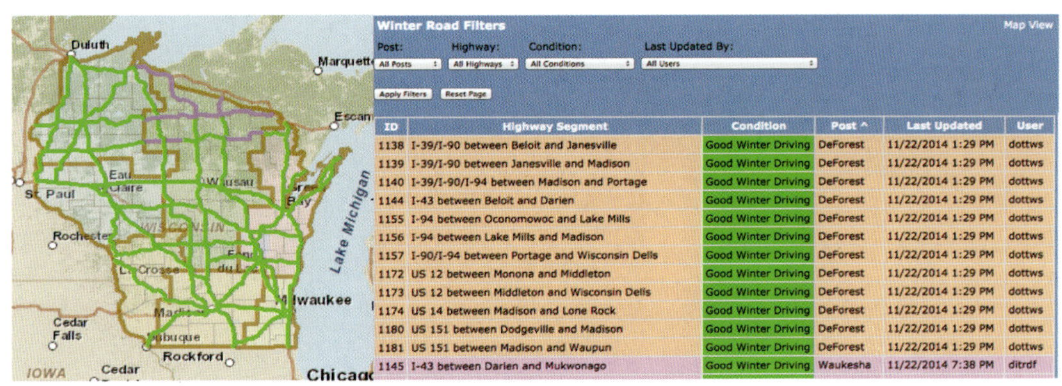

图 1-5　511 交通信息发布系统界面图

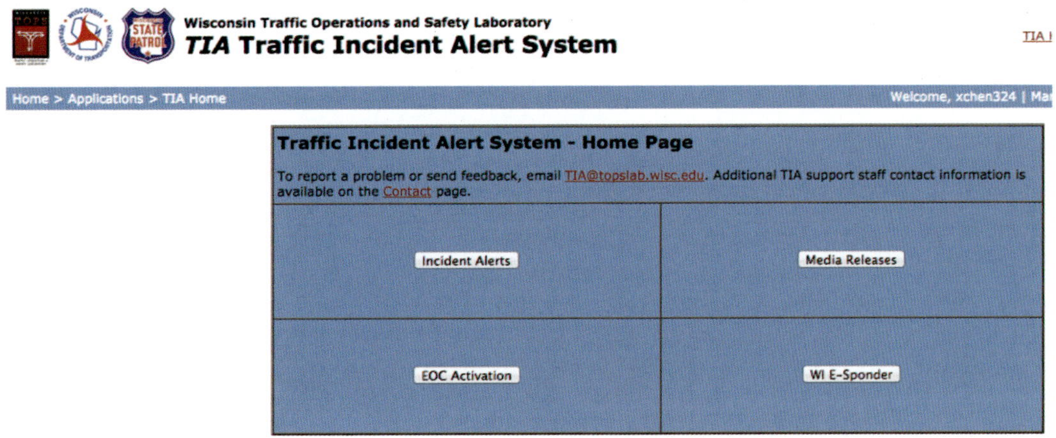

图 1-6　交通事故查询系统

(2)交调数据查询系统

交调数据是由布设在高速路上的交调设施采集的。数据类型为小时平均交通量。用户可以在查询界面根据地区进行查询，可得到每个信息采集点的历史数据，如图 1-7 所示。

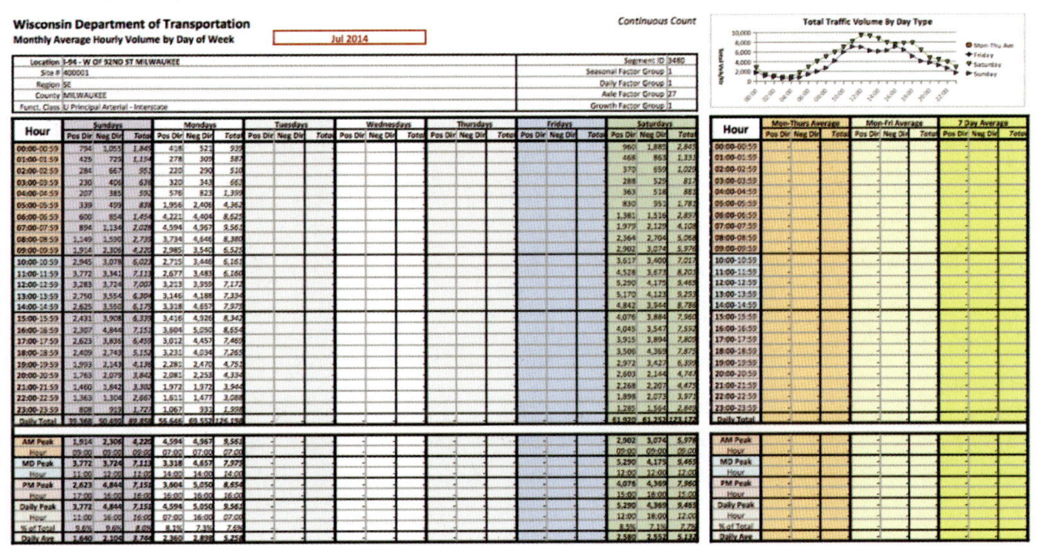

图 1-7　交调数据查询结果

(3)施工区信息发布系统

施工区信息发布系统是利用可视化的地图，在地图上标明正在施工的地区，施工单位也同样被标注在上面，如图 1-8 所示。

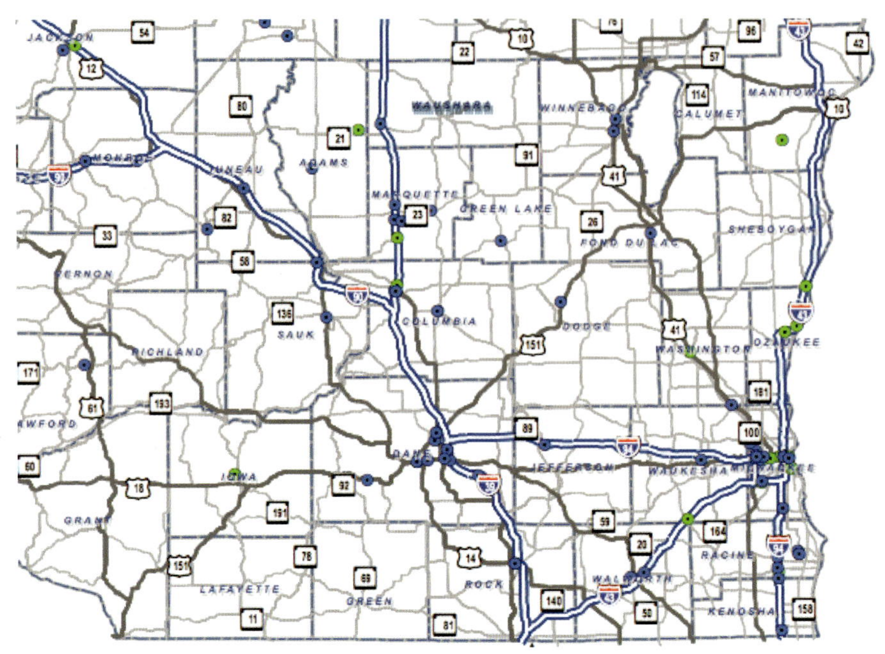

图 1-8　施工区信息发布系统

(4)交通营运管理水平评价系统

根据采集数据，交通运营水平评价系统对道路交通状况提供相应的评价，并对历史数据进行趋势对比，简洁明了地体现出交通运营水平的发展情况，如图 1-9 所示。

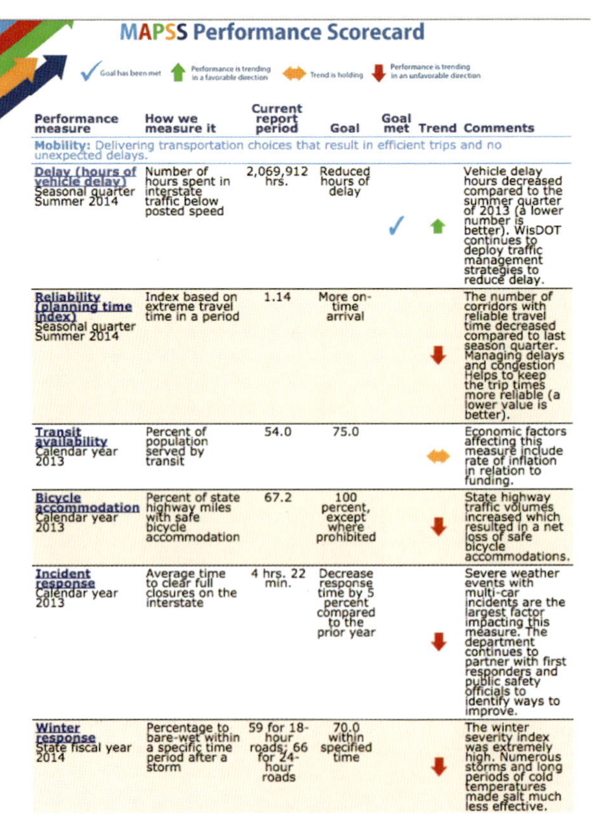

MAPSS Performance Scorecard

Goal has been met　Performance is trending in a favorable direction　Trend is holding　Performance is trending in an unfavorable direction

Performance measure	How we measure it	Current report period	Goal	Goal met	Trend	Comments
Mobility: Delivering transportation choices that result in efficient trips and no unexpected delays.						
Delay (hours of vehicle delay) Seasonal quarter Summer 2014	Number of hours spent in interstate traffic below posted speed	2,069,912 hrs.	Reduced hours of delay	✓	↑	Vehicle delay hours decreased compared to the summer quarter of 2013 (a lower number is better). WisDOT continues to deploy traffic management strategies to reduce delay.
Reliability (planning time index) Seasonal quarter Summer 2014	Index based on extreme travel time in a period	1.14	More on-time arrival		↓	The number of corridors with reliable travel time decreased compared to last season quarter. Managing delays and congestion Helps to keep the trip times more reliable (a lower value is better).
Transit availability Calendar year 2013	Percent of population served by transit	54.0	75.0		↔	Economic factors affecting this measure include rate of inflation in relation to funding.
Bicycle accommodation Calendar year 2013	Percent of state highway miles with safe bicycle accommodation	67.2	100 percent, except where prohibited		↓	State highway traffic volumes increased which resulted in a net loss of safe bicycle accommodations.
Incident response Calendar year 2013	Average time to clear full closures on the interstate	4 hrs. 22 min.	Decrease response time by 5 percent compared to the prior year		↓	Severe weather events with multi-car incidents are the largest factor impacting this measure. The department continues to partner with first responders and public safety officials to identify ways to improve.
Winter response State fiscal year 2014	Percentage to bare-wet within a specific time period after a storm	59 for 18-hour roads; 66 for 24-hour roads	70.0 within specified time		↓	The winter severity index was extremely high. Numerous storms and long periods of cold temperatures made salt much less effective.

图 1-9　交通运营水平评价系统

2)美国纽约州高速公路管理系统

纽约州高速公路(New York State Thruway)是美国纽约州境内的一个高速公路系统，全名为托马斯·杜威州长高速公路(Governor Thomas E. Dewey Thruway)。这一高速公路系统由纽约州高速公路管理局(New York State Thruway Authority，NYSTA)负责运营管理，全长569.83mile(917.05km)。其收费的主线达496.00mile(798.23km)，自纽约市与扬克斯的边界起，经奥尔巴尼、雪城、布法罗等地后在里普利到达宾夕法尼亚州州界。根据国际桥梁、隧道与公路协会(International Bridge, Tunnel and Turnpike Association)的数据，这条高速公路是全美第五繁忙的收费道路。

纽约州高速公路以提供安全而可靠的交通服务而著名，其运营资金几乎全部来自收费利润而非税收。该高速公路的运营中心坐落于管理局的总部，执行整条高速公路上的交通事故响应、紧急救援、出行信息发布任务。通过区域交通运营中心共享纽约州的交通和智能交通系统数据，向公众提供整个纽约州的交通运营状态，便于作出更详细的出行选择。营运管理对象包括了2 834车道英里的高速公路、809座桥梁、118个匝道、11个收费站、27个服务区、21个养护点、11个停车区、超过600个的智能交通设备(情报板、摄像机、交调、气象台)、4 000件养护专业设备。为了提高运营中心的管理效能，纽约州高速公路已建成先进的信息化管理系统，采集来自154套闭路摄像机(其中许多可以通过网站观看)、73块固定可变情报板、26块便携式可变情报板、13个高速咨询广播电台和119处车辆实时监测点等设施的信息，并具有整合和控制所有现有和未来的ITS设施和系统的可持续发展能力。

该系统可为出行者提供道路现场实时视频，出行中可以通过各种不同的方式登录网络，查看现场道路摄像机的视频录像，从而了解道路交通流量(视频数据每5min更新一次)，如图1-10所示。

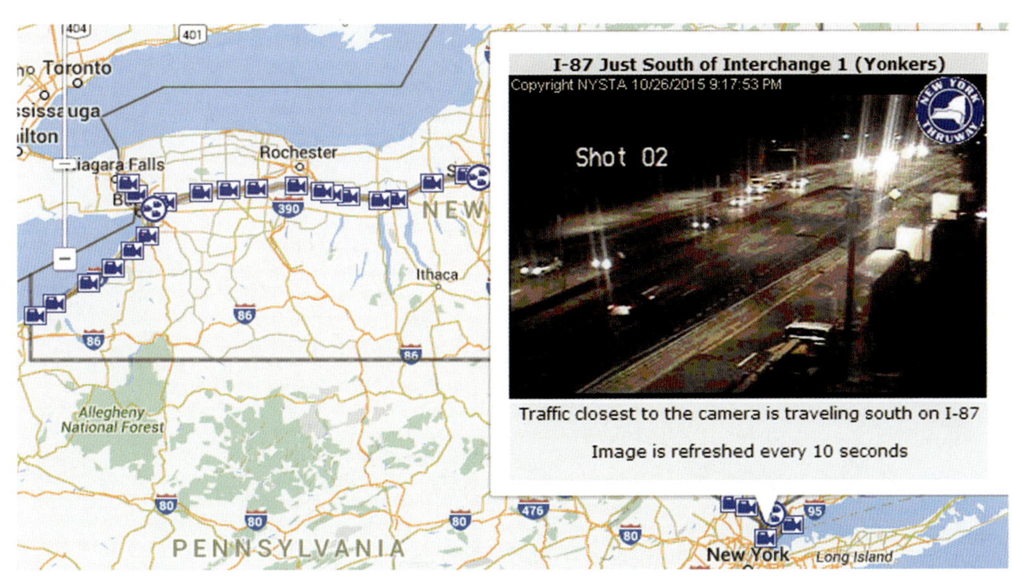

图1-10 纽约州高速公路道路交通流量查询系统

纽约州高速公路也对高速公路的施工情况进行实时发布，出行者可根据电子地图上的不同标记了解道路施工的位置以及详细的施工信息(施工的起始时间、工程概况、对交通造成的影响等信息)，如图1-11所示。

纽约州对高速公路信息化管理具有高速公路事件标记功能，在电子地图上通过不同的符号将重要事件分为道路拥挤、紧急报警和交通事故三类进行分别显示，给出行者提供事件发生位置、对交通造成的影响(封闭或关闭车道，以不同的符号进行表示)等信息，如图1-12所示。

纽约州也对高速公路的通行量进行监控管理，出行者可在电子地图上通过车道上标记的绿黄红三种颜色来获取道路上的交通状态(如绿色表示交通畅通，车速正常；黄色表示基本畅通，车速基本正常；红色表示交通饱和，车速缓慢，如图1-13所示。

图 1-11　纽约州高速公路施工位置发布系统

图 1-12　纽约州高速公路事件标记系统

图 1-13　纽约州高速公路通行量监控系统

纽约州对高速公路的天气状况进行实时发布，不同地段的天气及预警信息也可以在电子地图上查到，可以得到一个星期内的夜间和白天的详细气象状况（如晴、阴、多云、雨雪、雾、冰冻、风速、风向、最高最低温度、湿度等）并且以图片的形式形象地显示出来，如图1-14所示。所有这些信息，都为出行者安全、快速、舒适的出行提供了有利条件。

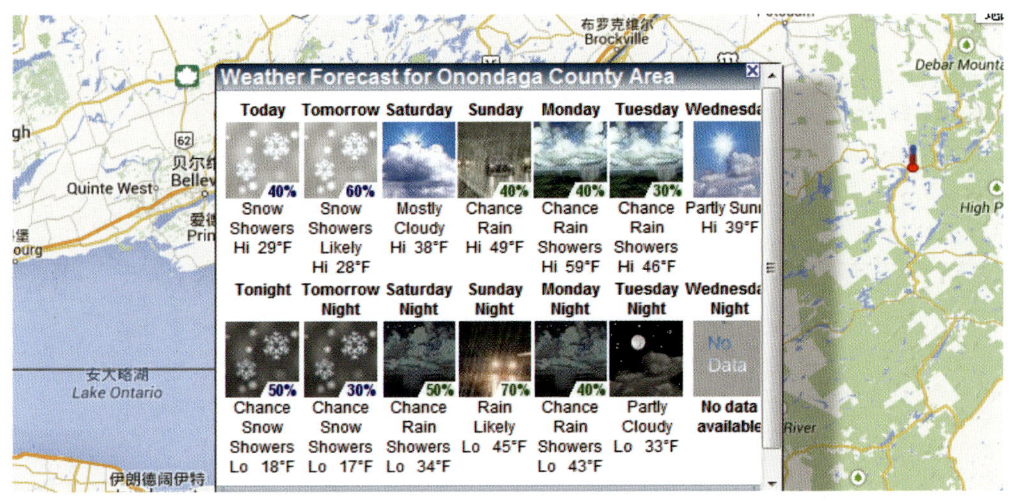

图1-14　纽约州高速公路天气状况发布系统

此外，纽约州高速公路系统可为出行者提供休息区信息查询，如图1-15所示。

图1-15　纽约州高速公路休息区信息查询系统

纽约州高速公路管理部门专门在地图上对收音机接收频段进行标记，方便出行者接收广播，如图1-16所示。当有交通事件发生时，收音机里会进行通知。

图1-16　纽约州高速公路收音机接收频段标记

遇到突发情况、恶劣天气时，纽约州高速公路管理部门在网上发布道路封闭信息，如图 1-17 所示。

For The Week Starting Monday 11/24/2014
Rochester Region

MAINLINE I–90

BETWEEN EXITS	WORK DESCRIPTION	LANE CLOSURE INFORMATION	LIKELY IMPACTS	COMMENTS
42&43	Bridge Construction	West:Left lane, 7AM-1PM TUE West:Alternating right lane with the left lane, 7AM-2PM MON	Minor	None
48&47	Road Work	West:Left lane, Tuesday 11/25/14 7:00am-10:00am West:Right lane, Tuesday 11/25/14 9:00am-3:00am East:Left lane, Tuesday 11/25/14 7:00am-10:00am East:Right lane, Monday 11/24/14 7:00am-10:00am	Minimal	None

图 1-17　纽约州高速公路道路封闭信息发布

3）美国加利福尼亚州高速公路管理系统

PeMS（Performance Measurement System）是美国加利福尼亚州运输厅所属的集数据采集、数据处理、交通信息发布及多种相关数据归档管理等功能为一体的高速公路交通信息化管理系统。

历经十五年的发展，PeMS 从最早加州大学伯克利分校 1999 年的科研项目逐渐发展为如今覆盖整个加利福尼亚州的高速公路管理系统。该系统利用车辆检测设备，实时获取并存储交通流数据，为加利福尼亚州高速公路交通状况的实时监测、信息发布以及高速公路性能评估提供重要数据支撑。

PeMS 是加利福尼亚州运输厅进行高速公路管理的重要工具，通过多种形式展现实时和历史交通信息，为管理人员和出行公众提供辅助决策和信息查询功能。此外，PeMS 也为其他用户，如交通工程师、交通规划人员以及交通研究学者们提供了公开的数据端口。任何注册用户都可以在 PeMS 中实现高速公路交通性能评估，并免费获得 PeMS 中存储的多种形式的实时和历史数据，如交通流数据、交通事件信息、车道管理信息以及交通人口普查信息等。

同时，PeMS 也是对外公开的归档数据用户服务系统。PeMS 数据主要来源于加利福尼亚州高速公路智能交通系统的车辆检测站、交通普查站，以及其他系统来源数据，如加州公路巡警（California Highway Patrol，CHP）和加利福尼亚州运输厅交通事故监测及分析系统（Traffic Accident Surveillance and Analysis System，TASAS）的事故数据、车道封闭系统的车道封闭信息、高速公路电子收费信息、可变情报板信息等。

PeMS 具有多样化的数据采集设备，如感应线圈、路侧雷达、磁力计等。不同的数据采集设备将现场采集的实时数据通过调制解调器每 30s 传输到区域交通管理中心。交通管理中心则通过一个前端处理器收集来自现场数据采集设备传输来的数据，并通过广域网传输到 PeMS。在整合其他有用信息后，PeMS 数据库能够为管理人员、规划人员、工程师们以及对此感兴趣的研究人员提供更加直观有效的信息和真实数据，PeMS 简要数据走向及其工作流程如图 1-18 所示。

PeMS 主要包含以下功能：

（1）高速公路基本信息查询

PeMS 提供了高速公路的基本信息查询，主要包括：高速公路里程信息、检测设备前端控制器信息、车辆检测器站点信息（图 1-19）、交通普查站点信息等。

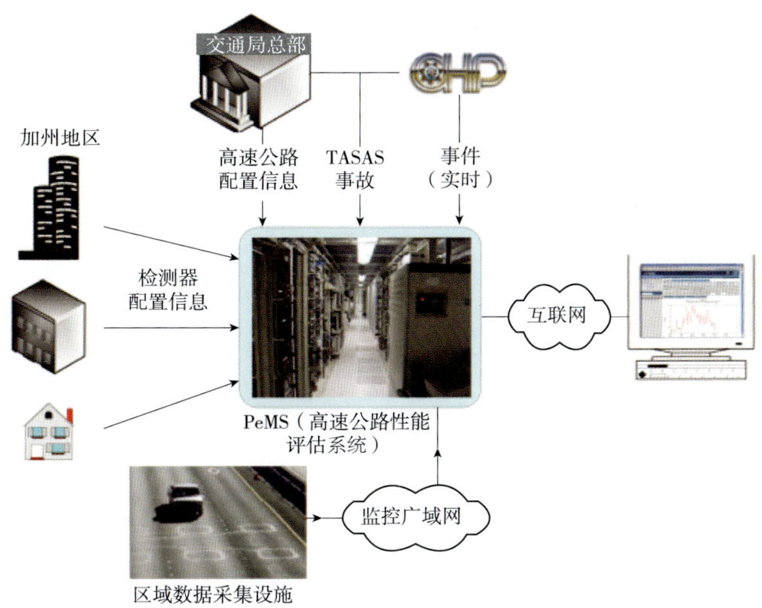

图 1-18　PeMS 简要数据走向及工作流程

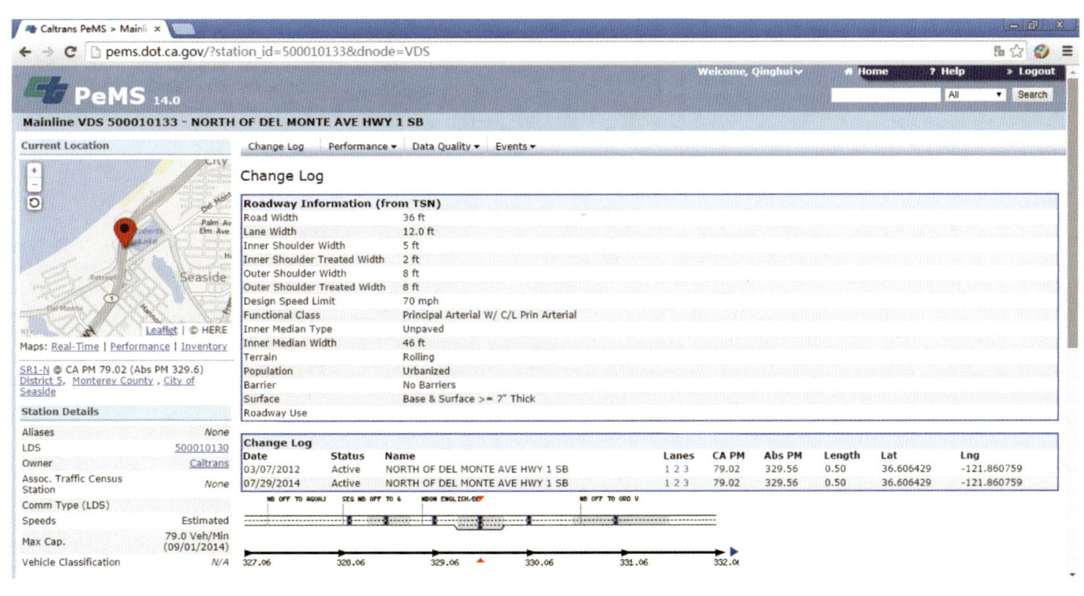

图 1-19　车辆检测器详细信息查询

（2）地图查询功能

PeMS 通过对各类监测设备采集的实时交通状况信息进行分析和处理，并结合历史数据，为交通管理人员、出行公众及其他各类用户提供了地图查询功能，包括高速公路实时交通状况的查询；高速公路性能评测查询；高速公路检测设备静态信息查询、实时车道封闭信息等。各类查询的具体介绍如下：

①高速公路实时交通状况

高速公路实时交通状况依据当前车辆平均行驶速度进行划分，具体包括高速公路主线和高承载车辆专用道（High Occupahcy Vehicle，HOV）车道上路段和站点的实时交通状况。图 1-20 以高速公路主线道路为例，给出了路段实时交通状况查询结果；图 1-21 以高速公路主线道路为例，给出了站点实时交通状况查询结果。

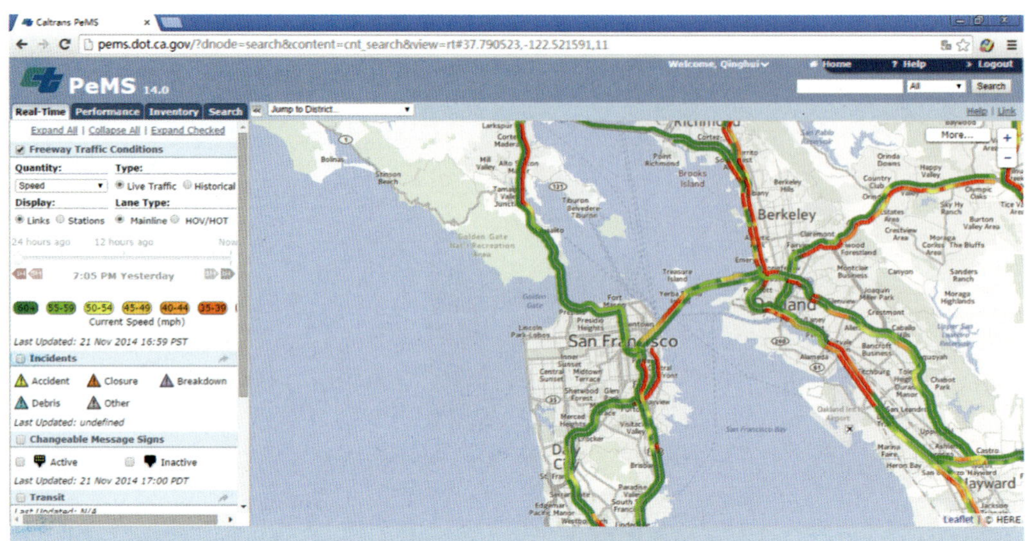

图 1-20　高速公路主线路段实时交通状况

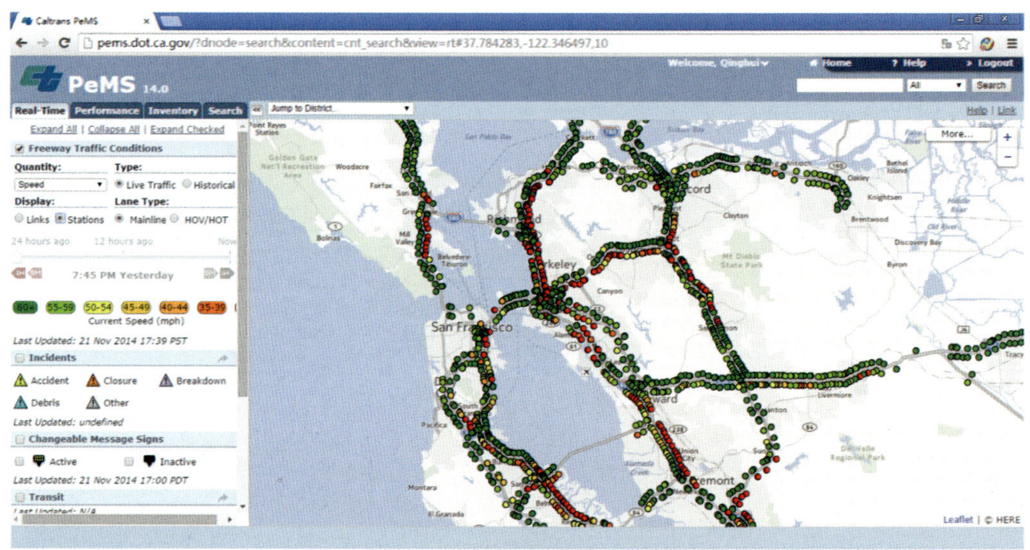

图 1-21　高速公路主线站点实时交通状况

②高速公路可变情报板实时交通信息播报

可变情报板布设在高速公路沿线，能够为旅途中的出行公众提供实时的交通信息，如前方交通事件、前方车道管理、行程时间以及恶劣天气提醒等诸多重要信息。图 1-22 为高速公路某一可变情报板的实时信息播报结果。

③高速公路实时车道封闭信息

PeMS 采用不同颜色的路障标识将车道封闭状况分为六类，图 1-23 为车道封闭实例，给出了实时交通信息查询结果。

④高速公路性能评测

PeMS 通过对历史数据的积累和统计分析，为交通管理人员及其他各类用户提供了高速公路多种性能指标查询，具体包括高速公路基本运营性能和高速公路安全性能两大类。

高速公路基本运营性能，主要根据瓶颈路段、拥挤天数百分比、检测范围、检测器健康状况、管理设施等历史数据统计获得。图 1-24 以瓶颈路段性能评测为例，给出了发生次数为 11 ~ 15 天，影响范围为 0 ~ 1. 9mile(0 ~ 3. 1km)的瓶颈路段。图 1-25 以检测器健康状况为例，给出了感应线圈检测器的健康状况性能评估结果。

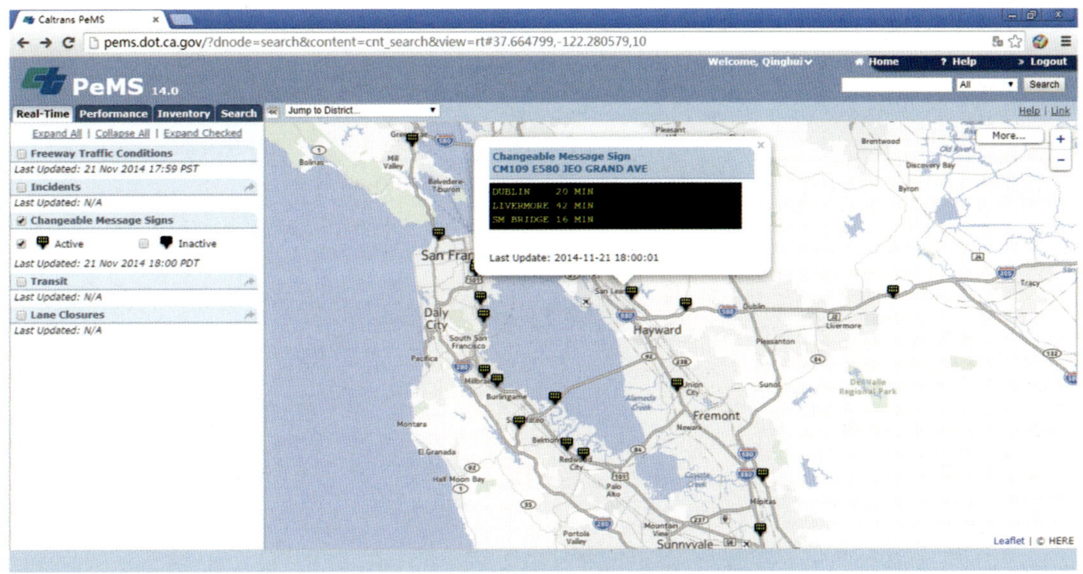

图 1-22　高速公路某一可变情报板实时信息播报

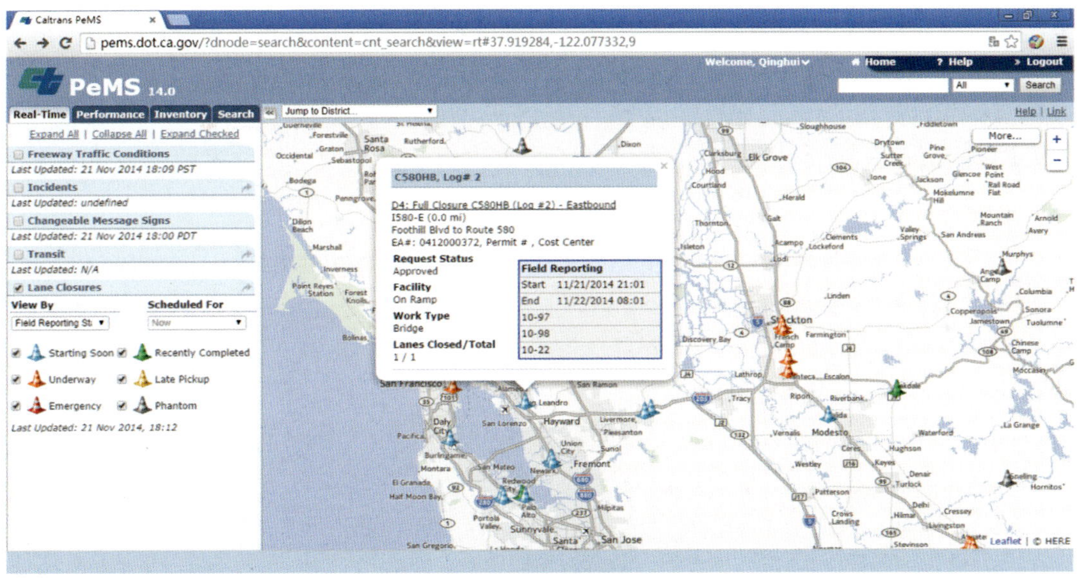

图 1-23　高速公路实时车道封闭信息

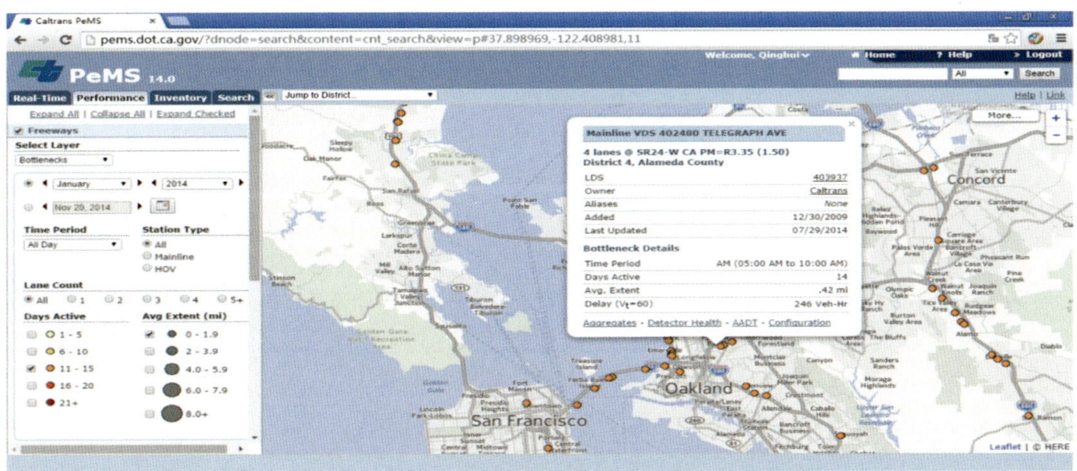

图 1-24　高速公路瓶颈路段性能评测

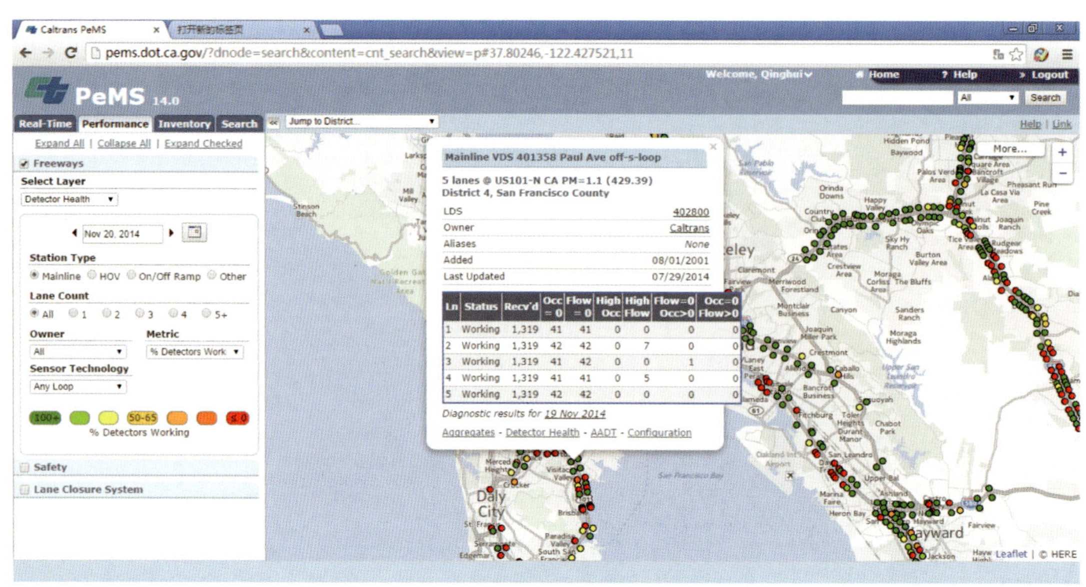

图 1-25　高速公路检测健康性能评测

高速公路安全性能评测的数据主要由 CHP 提供的事件数据和 TASAS 提供的事故数据两部分组成。图 1-26 以 TASAS 提供的事故数据为例，给出了高速公路交通安全性能评测结果。地图中高亮部分通过不同的颜色变化表征相应路段交通事件的发生量。红色表示事件高发地段，绿色则表示安全性较高的路段。

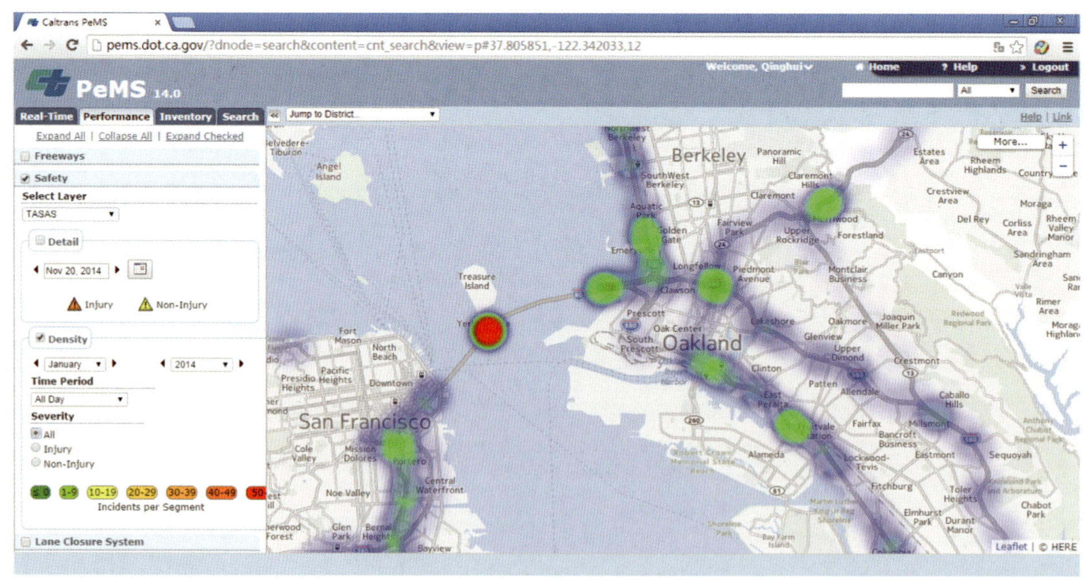

图 1-26　高速公路安全性能评测

⑤高速公路检测器静态信息

PeMS 为交通管理人员及其他各类用户提供了高速公路多种类型检测手段的静态信息查询功能，包括高速公路主线、HOV 车道及匝道上的车辆检测站点、交通普查站点等信息查询。图 1-27 给出了高速公路主线上车辆检测站点的静态信息查询界面，地图中显示所有检测站点的分布情况，小窗口给出了单个检测站点的具体信息，包括检测站点编号、所属管理部门、最新更新日期、检测器类型等。

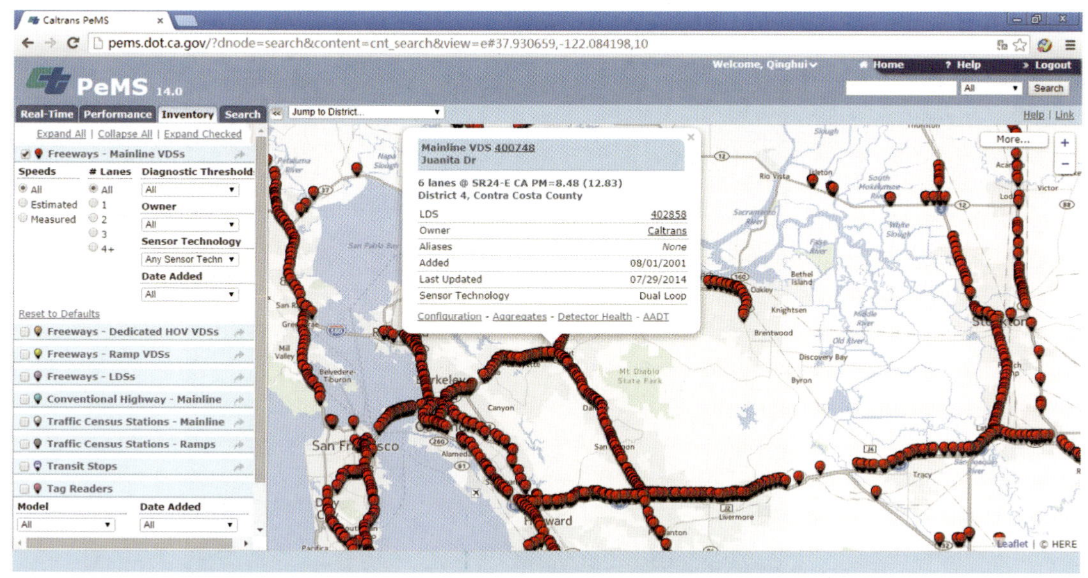

图 1-27　高速公路检测站点静态信息

(3)特色查询功能

①高速走廊运营状况查询

PeMS 针对高速走廊专门给出了查询工具，查询内容主要包括：2D/3D 地图显示、交通拥堵状况、行程时间统计、检测器健康状况等，如图 1-28、图 1-29 所示。

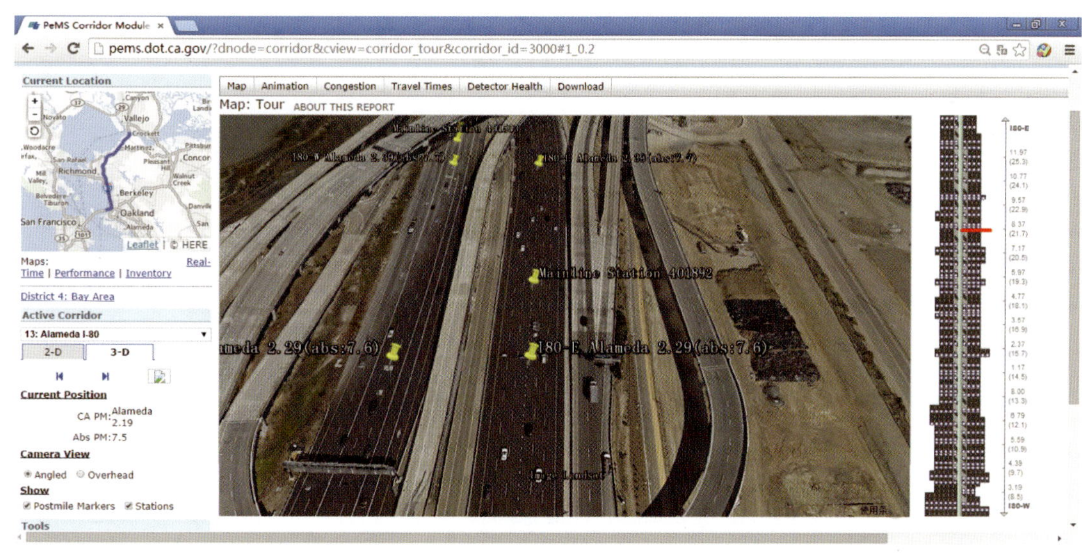

图 1-28　高速走廊 3D 地图查询

②检测器健康状况查询

PeMS 对系统内的所有检测站点和设备都有详细的记录，包括每个检测器所属管理部门、检测器更新日志、检测器所在具体位置、检测器工作状态等详细信息。图 1-30 为 PeMS 所有检测器统计信息查询结果。

③车道封闭管理系统

PeMS 提供了高速公路所有车道封闭信息的统计，包括车道封闭位置、车道封闭原因等。图 1-31 给出的是洛杉矶区域内因为紧急情况而实施车道封闭的信息。

图 1-29　高速走廊交通拥堵状况查询

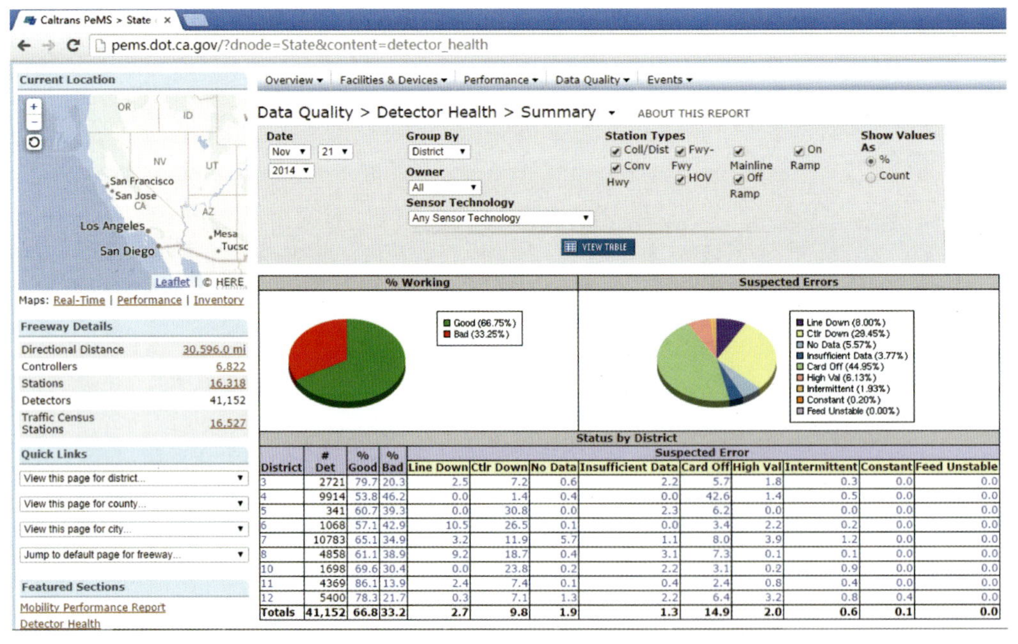

图 1-30　检测器健康状况统计

④车道/通行能力需求统计

PeMS 对历史交通需求进行分析，统计获得不同区域的车道/通行能力需求。图 1-32 给出了洛杉矶区域某一路段两个行车方向车道/通行能力需求统计结果。

⑤行程时间查询

PeMS 向各类用户提供行程时间查询功能，主要包括各个路段行程时间日变化规律、行程时间的可靠性、行程时间预测等。图 1-33 给出了洛杉矶区域某高速路段的行程时间日变化图。

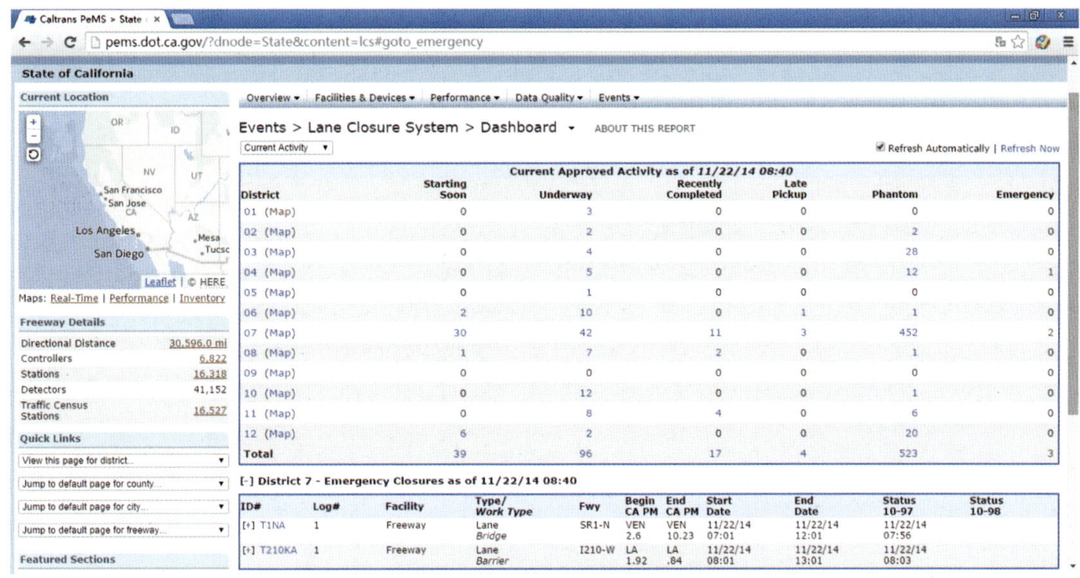

图 1-31　车道封闭具体信息查询

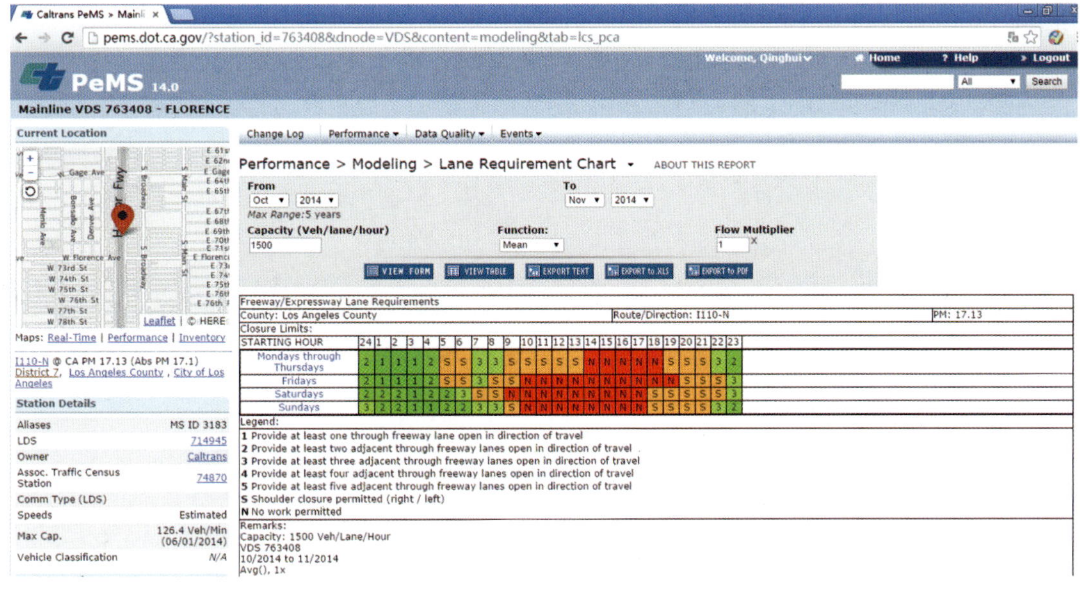

图 1-32　车道/通行能力需求统计

4）美国伊利诺伊州高速公路管理系统

伊利诺伊州（Illinois）位于美国中西部，州名源自曾在此居住的伊利尼维克（Illiniwek）印第安人部落。该州拥有人口近 1 300 万，居全美第五位，拥有多条州际高速公路，形成方便快捷的高速公路路网。该州的高速公路管理系统组成介绍如下：

（1）公路设施运行查询系统

通过该查询系统，可查看桥梁的净空高度、载重限制、运营状态等信息，从而为区域内载重车辆的出行提供决策依据，查询界面及显示界面，如图 1-34、图 1-35 所示。

（2）路网交通流信息查询系统

①历年公路日平均流量查询系统

通过该查询系统，可查看该道路历年的日平均流量，如图 1-36 所示，从而为区域内车辆的出行提供决策依据。

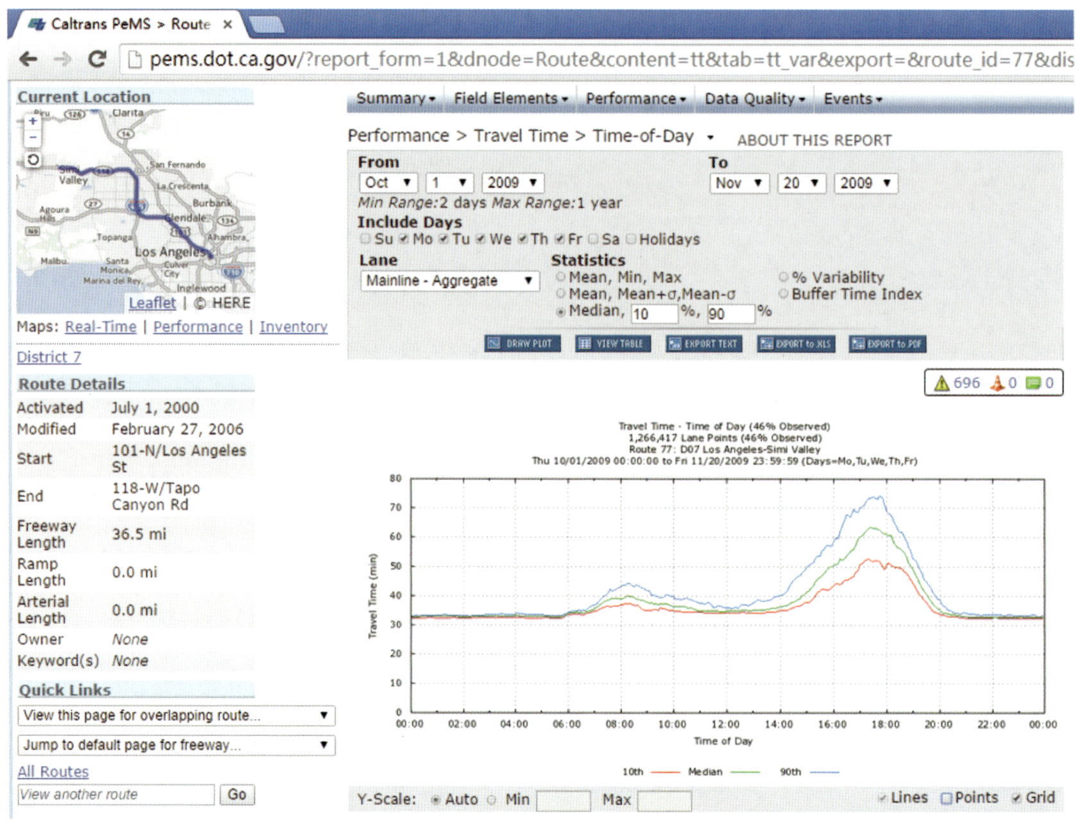

图 1-33　行程时间查询

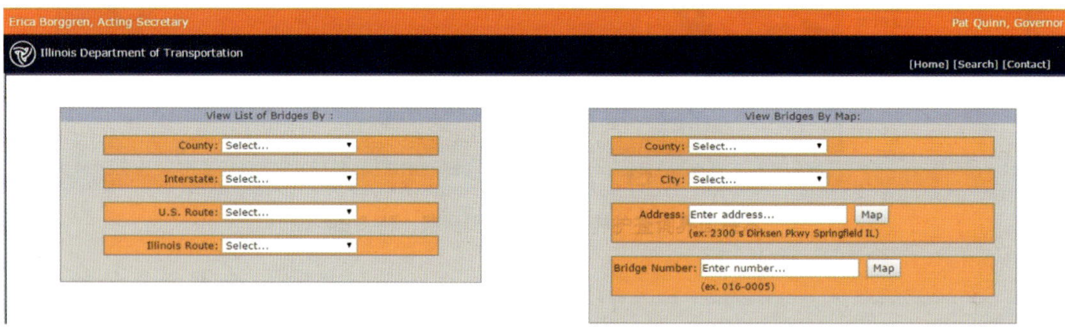

图 1-34　桥梁信息查询界面

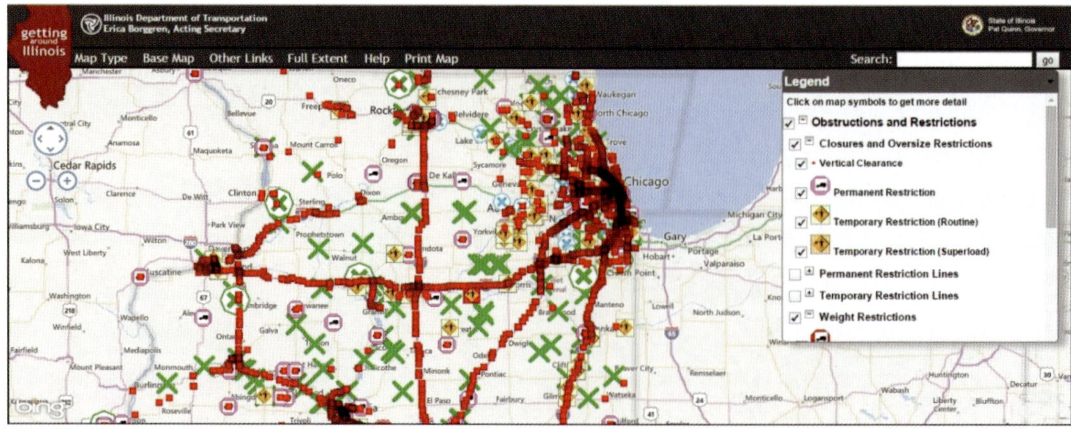

图 1-35　桥梁信息 GIS 显示界面

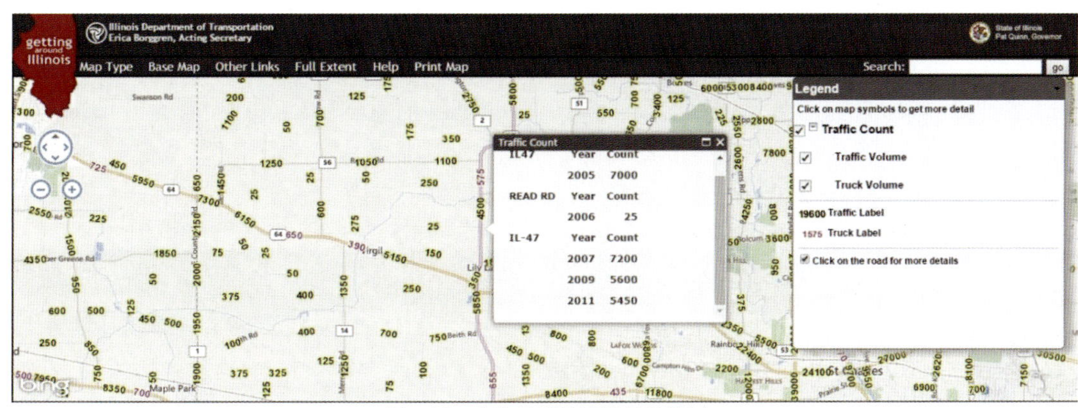

图 1-36　公路日平均流量显示界面

②历年公路小时流量查询系统

通过该查询系统，可进行道路小时流量的条件筛选，从而为区域内车辆的出行提供决策依据，流量查询界面如图 1-37 所示。

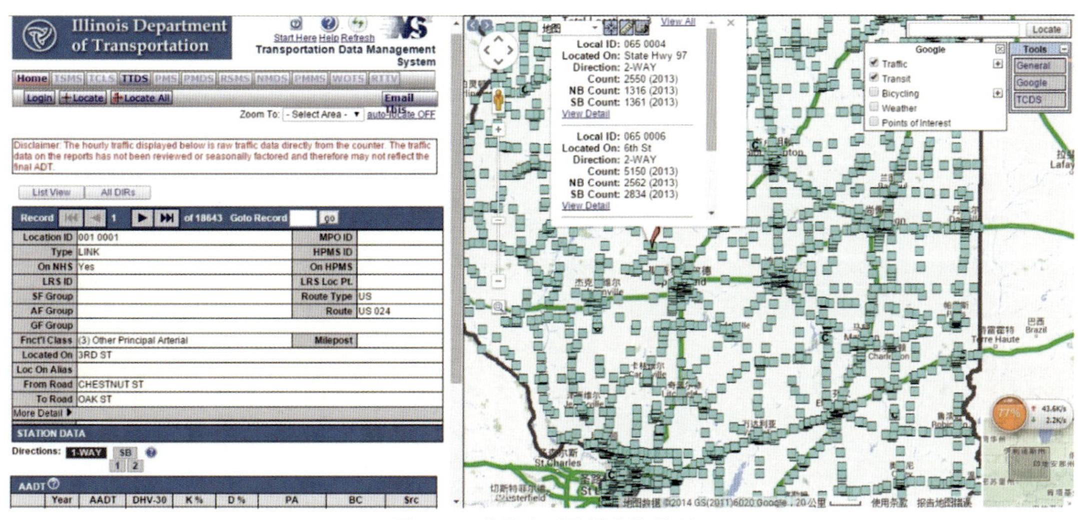

图 1-37　公路小时流量查询界面

③历年公路行程时间查询系统

通过该系统，可查询历年公路各个时段的实际运行速度、自由流速度、计划行程时间、实际行程时间等数据，从而为区域内车辆的出行提供决策依据，行程时间查询界面如图 1-38 所示。

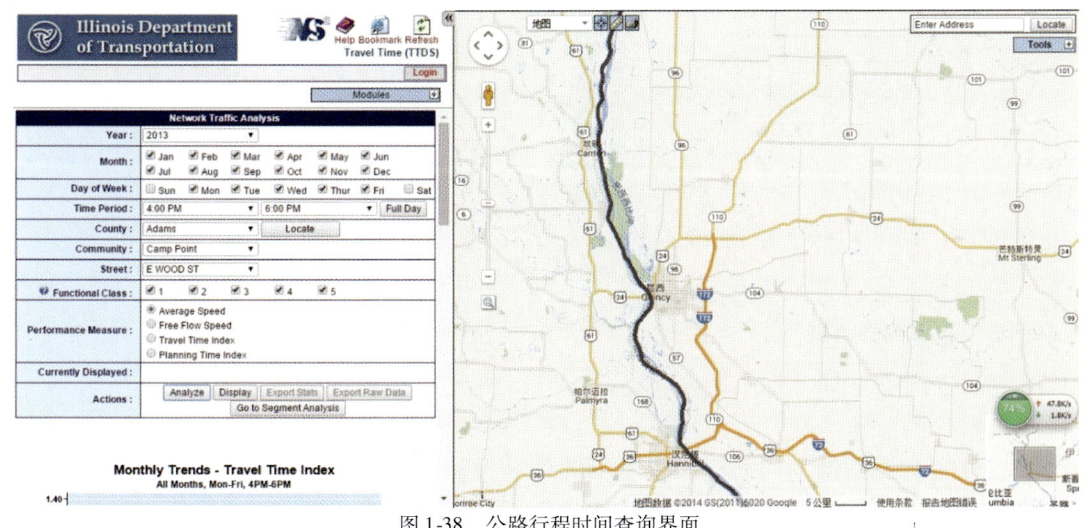

图 1-38　公路行程时间查询界面

（3）交通出行信息服务系统

通过该系统，可查询当前路网内的施工路段、封闭路段、服务区服务状态、加油站、紧急交通事件及混行道路（摩托车、自行车或行人可共用机动车道的道路信息）等信息，从而为区域内车辆的出行提供决策依据。

①道路施工或封闭信息显示界面（图1-39）

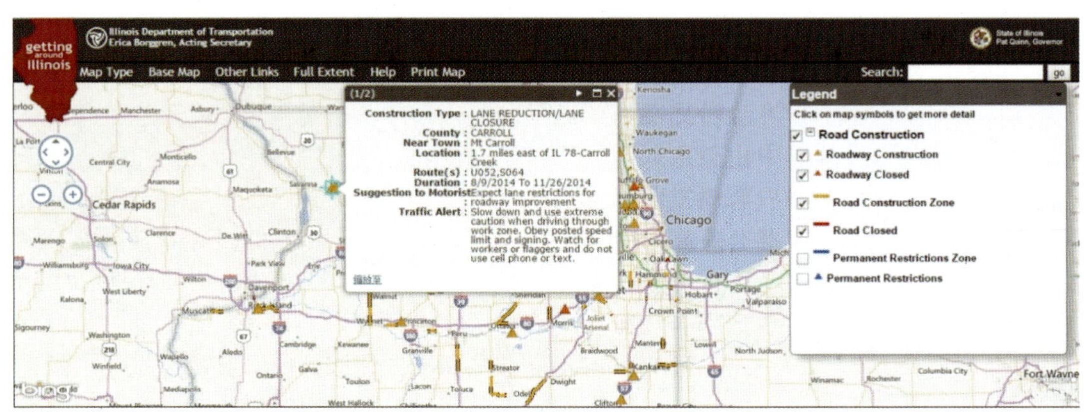

图1-39 道路施工或封闭信息显示界面

②公路服务区服务状态显示界面（图1-40）

③加油站信息查询显示界面（图1-41）

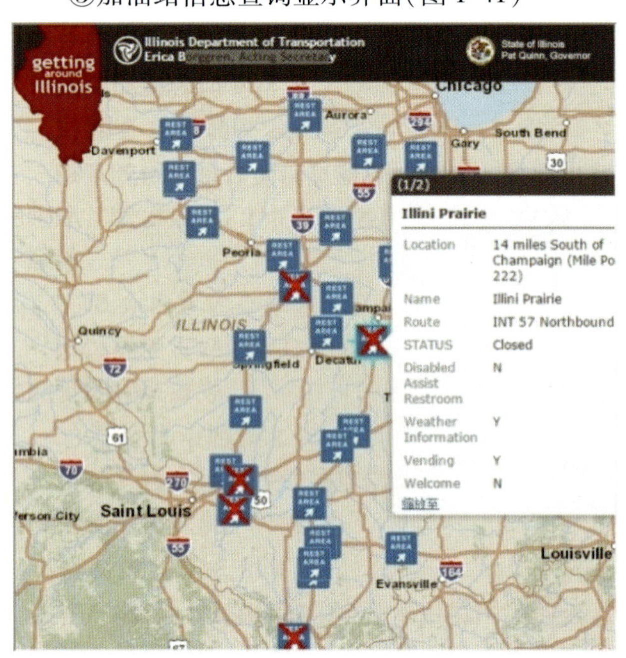

图1-40 公路服务区服务状态显示界面

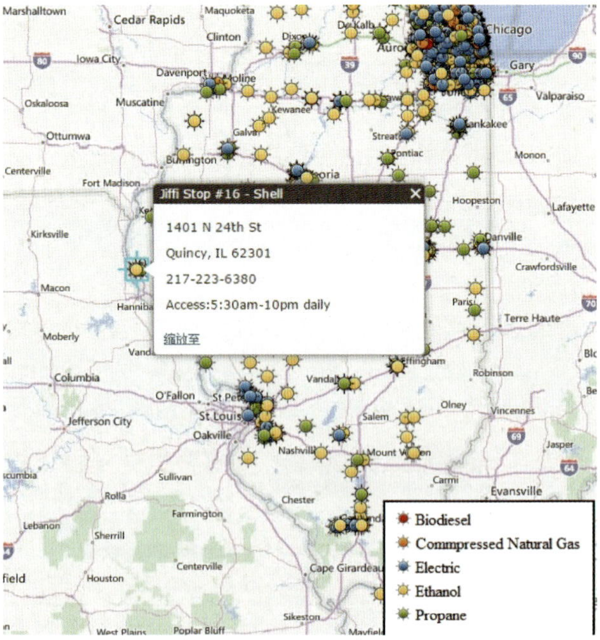

图1-41 加油站信息查询显示界面

④紧急交通事件查询与发布系统（图1-42）

⑤轮渡服务查询系统（图1-43）

⑥混行交通道路信息查询系统（图1-44）

（4）区域数据归档系统

该系统作为ITS体系结构的一部分，主要存储整个区域的各类实时交通信息，从而为各交通部门的决策选择提供跨部门的数据支持，系统示意图如图1-45所示。

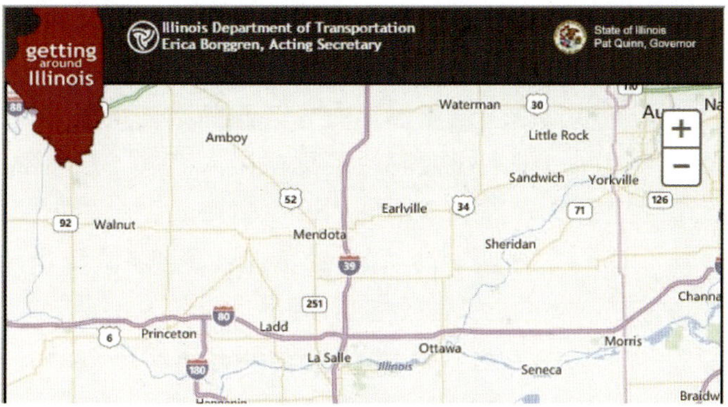

图 1-42　紧急交通事件查询与发布系统

图 1-43　轮渡服务查询系统

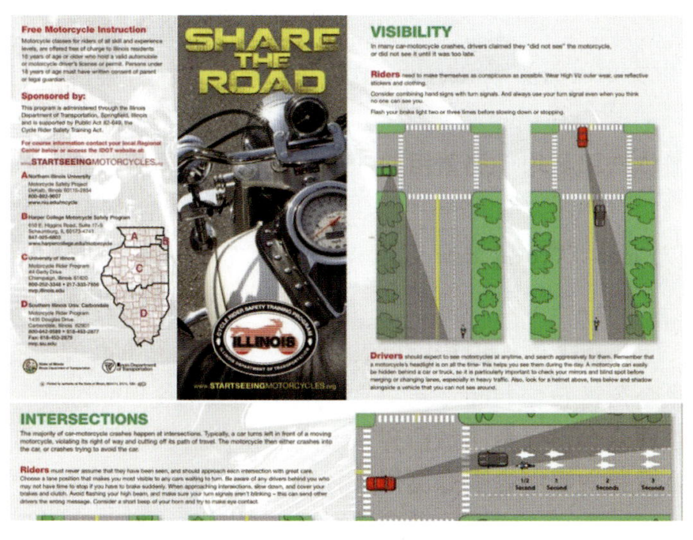

图 1-44　混行交通道路信息查询

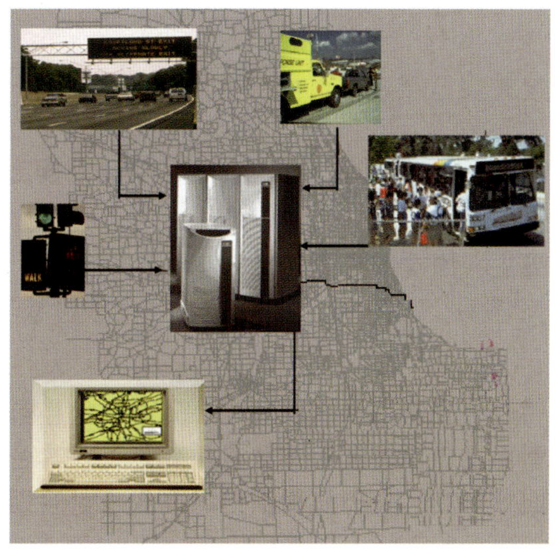

图 1-45　区域数据归档系统

(5)区域智能交通系统体系架构

该架构体系旨在提供一个更加安全、高效的交通运输系统，使交通规划机构在交通规划过程中，能更好地整合各类交通需求，使交通运营机构能有效地推进区域交通一体化进程，使伊利诺伊州东北部地区的其他组织与个人能更好地利用交通运输系统。

1.2.2　日本智慧高速公路发展

1.2.2.1　信息化营运管理模式

自 1963 年 7 月 16 日明神高速公路栗东至尼崎段开通到 2014 年，日本已建成高速公路 7 000 多公里。原来日本高速公路由道路公团经营管理，2005 年民营化改革后，4 家日本道路公团被改组为六家高速公路公司——东日本高速公司、中日本高速公司、西日本高速公司以及首都高速公司、阪神高速公司和本州四国联络公司。

日本高速公路由以上六家公司进行集中统一管理运营，它们直接负责全国干线高速公路的建设、养护、管理，同时，日本国土交通省通过道路交通情报中心协调各公司运营。

1.2.2.2 信息化系统组成

日本高速公路信息化，开始较早、发展程度较高，目前已经形成了全方位的交通情报采集系统和信息发布系统，以及交通控制、交通诱导系统，主要包括：

1）交通数据采集系统

在高速公路上每500～1 000m布设一套交通量检测设备。根据不同情况，布设线圈检测器或超声波检测器，对交通量、车型、车速等指标进行检测，并将数据实时上传。

在重要路段设置气象监测站，平均10km设置一处，收集气温、雨量、风向、风速、路面温度等信息，为交管部门提供气象信息。

平均1 000m设置一部路段紧急电话，在路上发生紧急状况时，通过紧急电话通知就近的道路管理监控室。

平均2km设置一部监控摄像机，特别是重要路段。同时，视频事件监测系统能够主动地监测出交通拥挤、交通事故等情况，及时发现并处理。

2）信息发布系统

（1）情报板发布设备

日本高速公路设置了各种不同的情报板，旅行时间情报板在大都市附近、各互通间设置，实时显示到达前方城市需要的旅行时间；本道路情报板设置在本道路出入口前，其信息包括前方道路的名称、交通流量、交通事故和气象信息等；路网情报板设置在重要路段或气象环境变化路段上，预告前方200km高速公路的道路状况、交通流量、交通事故和气象信息等；服务区情报板设置在大都市附近，连续预告前方几个服务区、停车区的距离及泊车情况；隧道情报板设置在隧道入口前，其信息包括隧道是否因交通事故或维修工作造成车道的关闭或需要减速慢行等；收费站情报板设置在收费站的道口上，其信息包括高速公路通行情况、事故、施工、交通堵塞的道路名称、气象信息等；道路入口情报板设置在进入高速公路前的一般道路上，其信息反映高速公路的事故、施工或道路是否封闭等情况。

（2）车辆信息与通信系统（Vehicle Information and Communication System，简称VICS）

VICS系统自1996年开始建设，遍及日本全国，该系统以提高道路交通的安全性和通畅性、改善道路环境为目的，被认为是世界上最成功的道路交通信息提供系统，它通过收集、处理、提供和使用道路交通信息四个环节来达到为交通客户服务的目的，如图1-46所示。

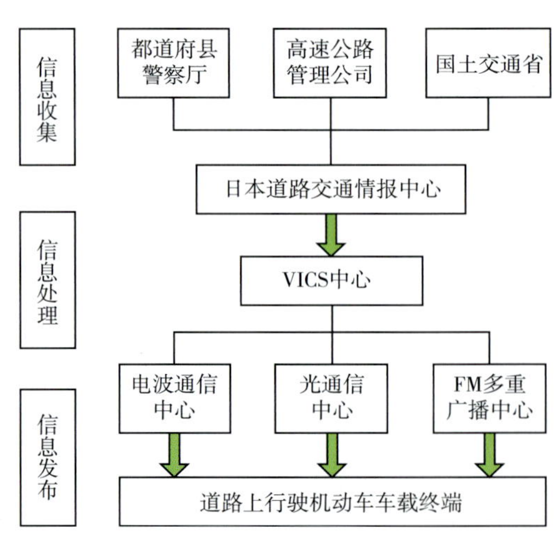

图1-46 VICS系统结构图

在日本，都道府县的警察机构和道路管理者（国土交通省、高速公路公司等）先把有关的道路交通信息传送到道路交通情报中心，然后再传送到VICS中心（24h全天候工作），同时其他方面的信息也被汇集到VICS中心，由VICS中心处理加工成便于利用的形式提供给用户。目前，被采用的信息发送方式主要有电波通信、光通信和FM多重广播三种。其中，电波通信方式用于高速公路，可以为驾驶员提供200km范围的道路信息；光通信主要用于交通主干道，可以覆盖行驶前方30km的范围；FM多重广播以某个特定区域为对象进行大范围的服务。用户通常可以得到三种形式的信息：文字显示、简易图形显示和地图显示。VICS的服务是免费的，使用者只需购买带有VICS的车载导航器，便可享受VICS提供的无偿服务，之后的日常使用中不再需要交付其他的费用。与非VICS车辆相比，VICS车辆可以缩短15%的驾驶时间，该系统已覆盖日本全国80%的地区，所有高速公路及主干道均能收到VICS信息报道，目前装有VICS车载设备的车辆超过2 800万台。

路段广播系统。高速公路路侧设置广播发射基站，使用交通专用广播频率向车辆发送交通信息。每个基站发射距离为3km。

3)电子不停车收费系统

日本ETC服务开始于2001年，目前已经建立起了全世界最大规模的联网电子不停车收费系统，日本收费道路总长8 000多公里，全国所有的高速公路都开通了ETC系统，收费站总数超过2 000个，用户数量达到4 500万辆，ETC使用率已达到86%。

ETC系统车道设备完备，具有较高的防作弊功能。车道上设置测高检测器、轮轴检测器、图像车牌自动识别、图像抓拍等多种车辆检测设备，对车辆进行后台复查。

4)智能诱导系统

智能诱导系统(Smart Cruise System，SCS)，包括智慧道路(Smartway)、先进的辅助诱导公路系统(Advanced Cruise-Assist Highway System，AHS)和先进的安全车辆(Advanced Safety Vehicle，ASV)等。

Smartway计划由政府和民间23家知名企业以及ITS日本于2004年共同发起，这标志着日本的ITS发展进入第二阶段。Smartway发展的重点在于整合日本现有不同ITS系统，包括ETC服务、VICS系统等，建立唯一的开放信息平台和配套的新一代车载终端，并设置专有通信频段5.8GHz，使之成为未来与车辆通信的唯一通道，如图1-47所示。通过车辆与路侧设备的双向通信，使道路和车辆能借由ITS信息的双向传输而成为Smartcar和Smartway，以减少交通事故和缓解交通拥堵。2007年完成初步试验，2009年开始在3大都会区试验。主要有以下功能：

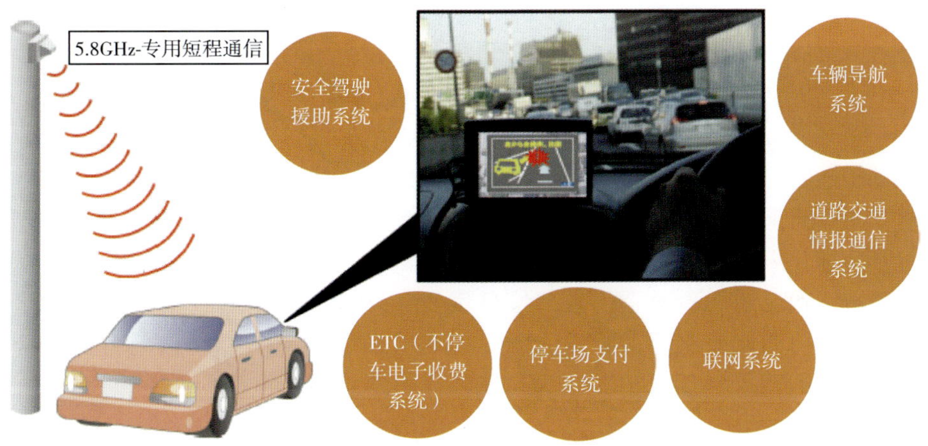

图1-47 Smartway系统车路通信及功能

辅助安全驾驶信息服务。通过路侧架设的一系列传感器检测前方道路转弯处或视线死角区域是否发生交通阻塞或存在路面障碍物等，并通过车路通信系统向驾驶员提供实时道路信息。

静止图像信息服务。通过闭路电视(CCTV)摄像机采集的道路环境状况信息，将以静止图像的形式提供给驾驶员，例如在隧道入口处可以清楚地了解到出口处的车流情况等。

浮动车信息采集服务。基于浮动车技术实现实时交通信息的获取，并通过车路通信系统，将天气、路面情况以及高危地段等信息迅速提供给临近的车辆。

道路汇集援助服务。通过专用短程通信(DSRC)天线检测行驶于主干道上的车辆，当车辆接近道路汇集处时，将通过车路通信系统向有关驾驶员发出警示信息。

宽带互联网连接服务。通过车路通信系统实现宽带互联网连接服务。构建包括智能车辆、智能公路、紧急救援系统的Smartway，实现安全、高效、便利、舒适、低环境负荷的交通环境。

图1-48 日本道路交通情报中心

5)指挥控制机构

在国家层面上，日本国土交通省设置有道路交通情报中心，如图1-48所示，主要职能是整合全国各方面交通信息，实现信息的交换与共享，从而协调全国道路交通的运行。

在区域层面上，日本高速公路管理者(六个高速公路公司)对高速公路的监控管理高度重视，在每一片区都设置了精干、高效的监控中心。其人员由三部分组成：道路管理机构的监控人员、派驻的警察以及派驻的交通广播电台的工作人员，三方人员集中办公，紧密配合、各司其职。在接到道路信息后，监控人员负责通知自身的养护、管理人员赶赴现场进行处理；派驻的警察指挥相应的警察机构和人员对交通事故进行处理；派驻的交通广播电台人员负责将重大道路信息通过电台向社会发布。在进行道路集中养护施工时，还有施工单位的人员在监控中心帮助进行交通管理。

1.2.3 德国智慧高速公路发展

德国的公路系统，由联邦远程公路、州级公路、县市级公路和乡镇级公路组成，公路总里程约65万km，公路面积约占国土面积的4.8%，其中约1.8%为高速公路，高速公路总里程达1.1万多公里。德国于1932年修建了世界上第一条高速公路(自波恩至科隆)，成为最早修建高速公路的国家。目前，它拥有仅次于中国、美国和加拿大的世界最发达的高速公路网络。

1.2.3.1 信息化管理运营模式

德国高速公路由德国联邦交通部负责制订规划和建设计划，委托各州的公路局建设和管理所辖境内的高速公路。德国高速公路通信信息管理系统分为专用通信网络、紧急电话系统、信息采集系统、信息显示和发布系统、监控管理中心五部分。

专用通信网络和紧急电话系统都由联邦交通主管部门建设和管理，紧急电话全国总中心设置在汉堡，全国统一标准，所有通信信息设施可直接接入。高速公路上的信息采集、信息处理、交通分析和信息发布以及交通信息化等设施则由各州政府交通主管部门建设、管理和维护。监控管理中心由公路交通主管部门运营，负责交通的诱导、疏散和信息发布等交通管理，而警察部门负责道路安全及监督检查等。公路交通主管部门和警察部门职责分明，但两者信息共享。德国目前在高速公路上未建任何收费设施，对车辆收取的通行费包含在燃油费和养路费中。

1.2.3.2 信息化系统组成

1)信息采集系统

为了提高高速公路的使用效率，使用者在高速公路上可安全、舒适和高效行驶，道路管理者提高管理水平、正确决策，同时还可不断改进车辆的性能，这样就必须取得相关道路交通信息，为信息处理、分析、计算、信息发布和相关基础研究提供原始数据。

德国的道路信息采集系统包括：线圈、雷达和红外线车辆检测器，视频图像(CCTV)设备，气象检测设备，隧道环境检测设备，车辆超限管理(称重)系统等。车辆检测器可采集车辆行驶速度、车辆类型、车辆长度、行驶方向和车流量，CCTV设备可采集车辆及路况真实的图像信息，气象检测设备可采集路段温度、湿度、雨量、风向、风速、能见度、结冰情况等，隧道环境检测设备可采集隧道内 CO 浓度、火灾、能见度、视频图像、照度等有关信息，称重设备可采集车辆轴重、车速等信息。所有采集的信息通过光电缆或无线传输到各州高速公路信息管理中心进行处理。

2）紧急电话系统

德国在全国所有高速公路上均设置紧急电话系统，由联邦标准协会（Verband Deutscher Elektrotechniker，VDE）制定设备和系统设计的技术标准，沿高速公路每2km 安装一对，有的路段甚至1km 一对，并有标志牌提示相应的距离，如图 1-49所示。路侧紧急电话机非常简洁，位置不高（仅 120cm 左右），并有黄色警示灯闪烁提醒过往车辆，有的路段在路侧紧急电话机旁靠近路侧设置隔音设施，在隧道内设置紧急电话室，并有门和灯光照明，非常实用。在德国汉堡设有全国紧急电话呼叫总中心，所有紧急电话呼叫均接入总中心，由总中心将紧急呼叫信息传达到各州的安全、急救等部门，进行相应的救援和帮助。

图 1-49　德国高速公路紧急电话

3）路况广播系统

德国的路况广播系统相当完备、先进。对于 1999 年以前生产的汽车，各州通过固定的无线交通广播频道报告路况信息。各联邦州内的高速公路路况信息（如天气、事故、交通流等）既可通过无线交通广播频道传给道路使用者，也可通过设置在道路上的可变信息标志或公共网络（Internet）传给道路使用者，在道路两侧，均设有该区段无线交通广播频率的标志牌。

对于 1999 年以后生产的汽车，在有紧急的路况信息需要广播时，开启的汽车收音机将自动跳到该区段的无线交通广播频率上（具有强插功能）。道路使用者可以在第一时间内立即获得这一路段的重要路况信息（如天气、事故、交通流等），使道路使用者采取必要措施（如减速、绕行等），以保证交通安全，提高道路使用效率。

4）道路信息处理系统

各州设高速公路信息管理中心，并各有较大的交通信息数据库，各中心从所辖路段接收的道路信息，通过计算机分析、处理，形成各种控制、管理方案，通过道路信息发布及提供系统，及时传给道路使用者；另将统计、分析得出的数据分别传给相关管理、研究等部门。

5）道路信息发布及提供系统

道路信息由各州高速公路信息管理中心通过所辖路段的可变信息标志、路况广播等设施提供给道路使用者。信息内容包括：主线交通信息、交通诱导信息、匝道控制信息等。根据统计分析，在德国巴伐利亚州 A9 高速公路上采用的“诱导示警系统”，可提高交通流量 35.9%，将事故发生率降低 34.4%，降低人员伤亡率，特别是在事故发生时可明显降低受伤尤其是重伤，以及出现二次追尾等交通事故，再次发生率降低 31%。

德国近年来也参与了欧盟的 eSafety 计划，该计划最先由欧洲智能交通协会（European Road Transport Telematics Implementation Coordination Organization，ERTICO）提出，2003 年 9 月得到欧盟委员会的认可并列入欧盟计划。eSafety 计划的主要内容是：充分利用先进的信息与通信技术（Information and Communication Technology，ICT），加快安全系统的研发与集成应用，为道路交通提供全面的安全解决方案。除自主式的车载安全装置外，还需考虑车—路协调合作方式，即通过车—车以及车—路通信技术获取道路环境信息，从而更有效地评估潜在危险并优化车载安全系统的功能。

欧盟在其第 6 框架计划（FP6）中，准备启动 77 项与 eSafety 相关的研究开发项目。与之相配套，欧盟委员会还推荐了 28 项行动计划，可归纳为 3 类：社会公共基础设施建设（包括道路交通基础设施及体系架构、电信基础设施等）；车辆预防与保护系统（包括车载智能终端系统、事故前安全辅助驾驶系统、事故中车内人员保护系统、事故后紧急救援系统等）；事故原因分析、人为因素研究、成本效益分析等。

1.3 国内智慧高速公路发展概况

1.3.1 北京高速公路管理信息化建设

截止到2014年底，北京市境内高速公路总里程已超981km，随着高速公路网规模的不断扩大，对高速公路营运管理的智能化要求也越来越高。2005年北京启动了高速公路不停车电子收费系统建设，2006年建成了八达岭高速公路不停车电子收费示范系统，2008年底建成了北京高速公路不停车电子收费系统。截至2013年6月，北京市已建成412条不停车收费车道，ETC用户已达100万户，并陆续建设完成呼叫中心、短信、客服网站、移动充值等服务平台，多元化的服务方式为广大客户提供了极大的便利，为缓解交通拥堵及节能减排等问题作出了重要贡献。

北京高速公路的运营模式为集团公司直属省级人民政府管理模式，运营权归北京市首都公路发展集团有限公司(简称“首发集团”)所有。首发集团于1999年9月成立，是北京市国有大型企业，负责北京高速公路建设、营运管理、筹融资和相关产业经营。

1.3.1.1 北京交通管理系统框架

北京市制定的高速公路智能交通系统近期规划(2009—2015)中，重点规划和完善了北京市高速公路营运管理“一个综合平台，七大应用系统”，即规划建设高速公路综合交通信息平台，建设和完善电子收费系统、出行者信息服务系统、交通管理系统，高速公路应急指挥系统、养护管理系统、路产管理系统和服务区管理系统等。该规划确定了北京市高速公路智能交通系统以综合交通信息平台建设为核心，以全面推进营运管理、信息服务、应急指挥等领域的信息化进程为导向，充分发挥综合交通信息平台的信息枢纽作用，实现各业务系统之间的数据共享与信息集成，确保了北京市高速公路交通系统的智能化得以顺利实施。远期(2016—2020)以建立一个立体化、网络化、信息化、智能化、高效安全的现代化高速公路交通系统为战略目标，全面实现北京市高速公路交通系统的智能化。

北京规划高速公路智能交通系统以综合交通信息平台建设为核心，实现各业务系统之间的数据共享与信息集成。在北京市高速公路信息中心的基础上，建设北京市高速公路综合交通信息平台，建立交通基础资源数据库；建立交通基础资源电子地图，实现交通基础地理信息资源共享，重点解决信息处理和信息集成两个领域的关键技术。

1.3.1.2 信息化管理系统组成

近期规划(2009—2015)以交通信息平台建设为核心，逐步完善交通信息化基础设施建设，实现首发集团各部门之间的互联互通，建设“一个综合平台，七大应用系统”，实现各子系统之间的信息共享，初步实现北京市高速公路交通系统的智能化。

1)收费系统

现金收费方面，进一步完善现金收费系统，开发完善便携机收费系统、收费站出口的车牌识别系统、现金传输系统和入口自动取卡系统。电子收费系统方面，对现有管理系统进行改建升级，进一步扩大客户服务规模，完善客户服务网络和自主刷卡系统，扩大电子收费系统应用范围，实现ETC系统的数据统计挖掘功能，并与出行者信息服务系统、综合交通信息平台建立数据接口，实现对非法车辆的电子抓拍以及通行费的追缴，以适应电子收费系统大规模应用的需要。

2)养护管理系统

建设高速公路养护管理GIS平台，完善高速公路养护的基础信息，扎实推进养护管理信息化，建设桥梁健康动态监测系统，实现高速公路养护管理的全面信息化、可视化，提高高速公路养护管理水平，加强监管力度、建立起运管机制，实现系统的综合集成。京秦高速公路建立了基于 GIS 的智能型高速公路救援决策支持系统，通过软硬件结合的方式，最大限度地综合京秦高速各种有限信息，对有限数据挖掘处理，智能地修正、改进已有决策，实现决策最优化。

3)路产管理系统

建立高速公路路产管理系统，提高路产管理工作的效率，扎实推进路产管理工作的信息化，建设性能优越的监控与通信设备，实现紧急事件救援管理的实时、准确、快速反应，并且进一步实现高速公路的紧急事件管理系统的联动反应。

4)服务区管理系统

完善北京市高速公路服务区的业务管理系统，提高服务区内的业务管理水平，实现全面而科学的服务区综合管理。坚持以服务为本的原则，充分考虑到出行者和高速公路使用者不同方面的需要，重点建设服务区信息服务子系统，开发服务区管理子系统，并且在此基础上完善服务区内各单位业务管理系统。

5)出行者信息服务系统

建立高速公路出行者信息服务系统，丰富出行者信息服务，建立并完善各种信息发布渠道，为出行者提供全方位的动态与静态交通信息服务，全面推进出行者信息服务系统的智能化与信息化。出行者信息服务系统能提供车辆运行状态信息服务、交通事件信息服务、道路工程施工信息服务、收费站信息服务、出行规划信息服务、车辆预计行驶距离信息服务、交通诱导信息服务、路边信息服务和气象信息服务等。另外，建立并完善交通服务热线、大型电子显示屏、路侧小型显示屏及可变限速标志、高速公路网站、手机短信业务、交通广播和站区广播等各种信息发布渠道。

6)交通管理系统

在交通管理方面，全面推进北京市高速公路交通管理系统的智能化，升级交通流监控子系统，开发科学合理的日常交通管理子系统，完善紧急事件理方面的应急指挥功能，最终确保高速公路系统交通流安全、顺畅、有序的运行。

7)高速公路应急指挥系统

在北京市交通应急指挥中心的体系框架下，在高速公路综合交通信息平台基础上，建设和逐步完善北京市高速公路应急指挥系统，建立高速公路营运管理中养护管理、路产管理、交通管理、高速公路信息服务等各个系统的联动机制，实现交通管理系统中监控子系统、紧急事件管理子系统，路产管理系统中紧急事件处置子系统，出行者信息服务系统等各个应用子系统的快速联动，强化部门合作，改善紧急事件指挥能力和效率，减少大型突发事件对高速公路正常营运管理的影响。

8)综合交通信息平台

在北京市高速公路信息中心的基础上，规划建设北京市高速公路综合交通信息平台。进一步完善相关标准规范，综合利用数据库管理技术、交通地理信息技术、数据通信技术，有效集成高速公路相关业务管理系统，大力开发信息资源，实现首发集团内外部信息资源的全面整合与重组。突破信息资源建设体制障碍，建立交通基础资源数据库；建立交通基础资源电子地图，实现交通基础地理信息资源共享；加快完善交通信息通信网络，实现信息网络的互联互通，实现信息交换的网络化，实现网上信息报送。综合交通信息平台的建设需重点解决信息处理和信息集成两个领域的关键技术。

1.3.2 上海市综合交通管理信息化建设

近年来，上海市公路得到快速发展，截止到2010年底，上海市公路总里程约为11 974km，公路密度约为188.8km/100km^2、6.14km/万人，高速公路通车里程为775km。“十一五”期间，借助于2010年上海世博会的发展机遇，上海公路行业在电子收费、交通信息采集发布、公众出行信息服务、行业集成平台等信息化系统建设方面，实现了跨越式发展，成果显著。

上海综合交通管理系统的核心是上海交通综合信息平台，该平台汇集了道路交通信息数据、公共交通信息、对外交通信息三方面总共237种数据，包括道路交通信息173种、公共交通信息30种、对外交通信息34种。其中，道路交通数据又包括路网数据、机电数据、交通组织数据、气象数据、时间数据、交通流数据、诱导发布信息等。上海市的所有交通管理单位，包括高速公路管理者，均从综合信息平台获取到自己需要的各方面数据。

上海综合交通管理系统总体框架：上海市信息化交通管理系统形成了以上海市交通综合信息平台为核心的三级机构，如图1-50所示。

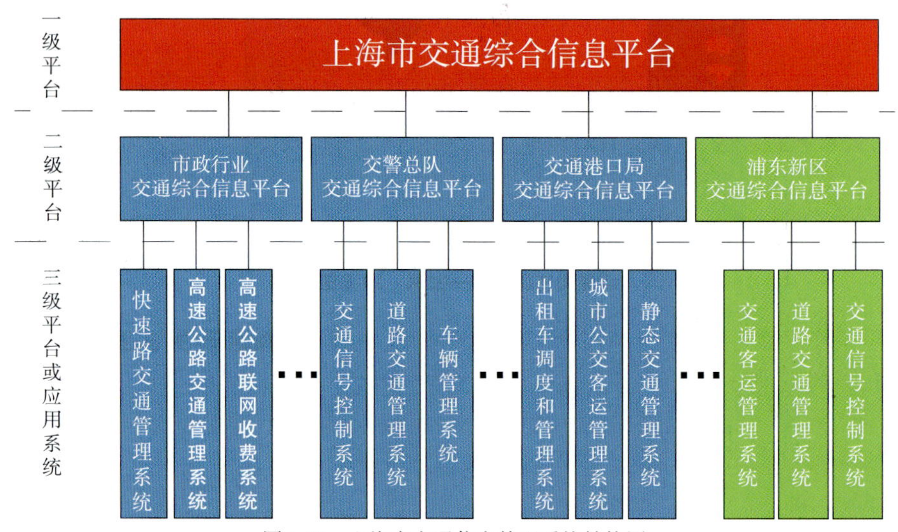

图1-50　上海市交通信息管理系统结构图

一级平台：上海市交通综合信息平台整合整个上海市各部门各方面交通信息，作为信息交换与共享的平台，服务于二级平台。目前，上海交通综合信息平台实际收到的数据总共143种，包括道路交通信息129种，公共交通信息8种，对外交通信息6种，如图1-51所示。其中，道路交通数据又包括基础数据57种，实时数据32种、历史数据40种，例如路网数据、机电数据、交通组织数据、气象数据、时间数据、交通流数据、诱导发布信息等。

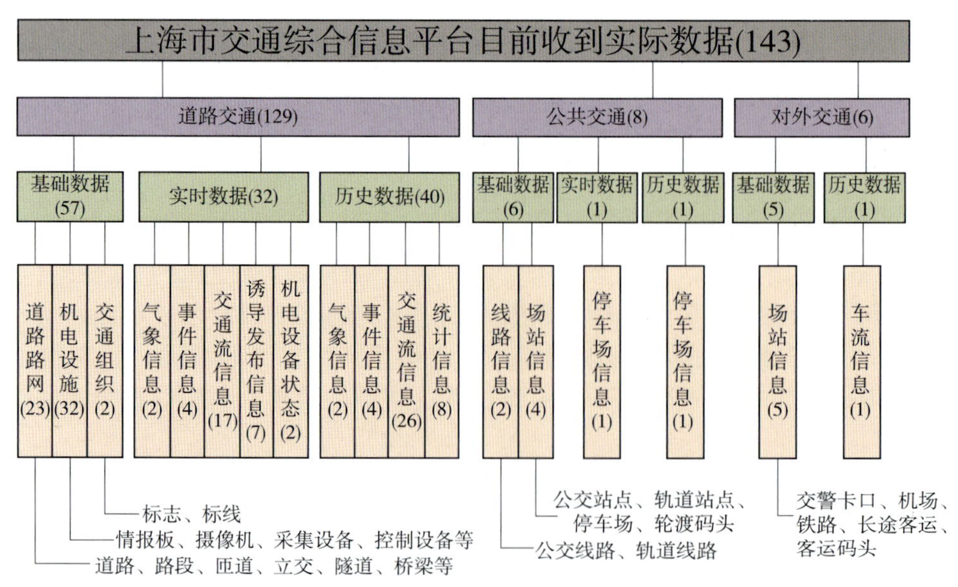

图1-51　上海市交通综合信息平台多元数据汇聚情况

二级平台：二级平台由四部分组成，市政行业交通综合信息平台、交通警总队交通综合信息平台、交通港口局交通信息综合平台、浦东新区交通综合信息平台。

三级平台：在每个二级平台下面又有多个三级平台，如图 1-51 所示，其中高速公路交通管理系统和高速公路联网收费系统隶属于市政行业交通综合信息平台。

现有信息化系统组成：

1）不停车电子收费系统（ETC）

按交通运输部的统一要求，积极推进长三角联网不停车电子收费系统的建设。截至“十一五”末，上海高速公路网建成了与原有 MTC（半自动人工收费方式）系统相融合的 ETC 系统，实现了主线收费站 ETC 车道全覆盖，建成 ETC 车道 107 条，其中 ETC 专用车道 53 条、ETC/MTC 混合车道 54 条，发展 ETC 用户超过 10 万，ETC 用户收费交易量占路网总交易量的比例超过了 10%，并实现了与江苏、安徽等省 ETC 系统的区域联网运营。

2）交通信息采集与发布系统

为服务于世博会交通管理和完成交通运输部的统一部署，公路交通信息采集发布系统发展迅速，体现在以下几个方面：

按照交通运输部统一规划，完成了全市公路网一类交通观测站建设，提前达到了交通运输部规划目标。

结合世博会交通管理和公路突发公共事件管理要求，在高速公路入城段、S20 高速公路全线以及与外省市相连接的高速公路路段上实现了视频图像信息采集全覆盖。

在高速公路入城段和 S20 高速公路全线，使用布设交通参数检测设备的方式实现交通信息采集的全覆盖，有效获取了上述路段的交通状态信息，为交通状态信息路边发布奠定了基础。

在高速公路入城段和 S20 高速公路全线以及高速公路网，按照路边交通信息发布的不同要求，实现路边交通信息发布有效覆盖目标。

3）公众出行信息服务

基于提高为民信息服务水平的思路，“十一五”期间上海市着力推进了公众出行信息服务系统的建设，其中：

对公路行业内各种公开的咨询电话、报警求助电话和投诉电话进行了整合，构筑了上海公路网“12122”呼叫中心，并使其成为向社会公众提供路况信息咨询、应急求助以及行业投诉的统一声讯服务平台，大大方便了社会公众。

结合公路交通信息采集系统建设，同步提升了上海公路门户网站的公众出行信息服务能力，特别加强了公路出行线路查询等咨询性服务能力和实时交通信息提供能力的建设，实现了实时交通状态、交通事件以及公路交通视频图像信息的提供。

通过实施高速公路服务区信息服务系统示范工程建设，对高速公路服务区公众出行信息服务进行了有益探索，实现了信息查询终端等多种信息服务方式，使公众出行信息服务水平有了进一步提高。

4）公路设施管理

“十一五”期间，开发以及应用的各类公路设施信息管理系统，实现了对公路路面、桥梁、绿化、机电系统等各类公路设施信息化管理的全覆盖；开发了桥梁安全运行管理系统，以加强对桥梁的动态管理，为桥梁安全提供信息保障；不断优化路况评价分析系统，对采集的路况信息数据进行全面梳理和分析，生成可靠的路况分析报告，为公路养护提供决策辅助。

5）集成平台

为了实现跨系统信息共享和信息组织，完成了公路行业基础信息平台（集成平台）建设。在集成平台上，进一步完善了“两个基础资源库”建设，形成覆盖全市所有管养公路的空间数据库和基础属性数据库，为公路设施管理、网格化管理等提供了基础信息；通过集成平台的统一对外接口，实现了与市政行业信息平台互联，建立了对外信息共享和交换，实现了与中心城快速路、长三角相邻省市高速公路的信息互通，为提高信息综合应用及信息服务水平打下了基础。

6)公路网管理中心实时运管平台

初步构建了支撑公路网管理中心的实时运管平台，为各项日常管理提供信息化的支撑手段。

在高速公路网交通监控中心的基础上，“十一五”期间构建了支撑公路网管理中心的交通监控管理、突发公共事件应急管理、12122 呼叫中心等综合业务的实时运行管理平台，并与相应的业务条线之间建立了互联互通，为公路网进一步发展所需的路政、设施养护和施工等日常运行管理提供了信息化运行环境，为行业日常运行管理集成提供了基础。

“十二五”期间，上海将重点在以下方面推进高速公路信息化建设：

1)完善和拓展业务系统建设，提高信息化支撑能力

完善高速公路的设施管理系统，实现从静态管理向动态管理延伸、向基层管理部门延伸、向作业企业、车辆机具和作业人员延伸，实现对公路设施运行状态信息采集、公路设施养护过程管理、设施大中修管理等的全覆盖。

完成高速公路治超管理信息系统建设，完成公路治超规划确定的治超站和车辆超限数据采集设备(包括固定布设的和临时布设的采集设备)的建设任务，并按照标准规范接入路政管理系统。

推进 ETC 车道建设，使 ETC 在缓解收费道口拥堵、节能减排等方面的效益全面显现；实现收费方式从分车型收费向计重收费方式转变、实现精细化收费拆分；密切结合高速公路网的收费方式调整、收费策略完善等要求，实现联网收费系统性能升级。

2)以路网中心为依托，推动路网实时运行集约化管理

实现高速公路网视频全覆盖，完善交通参数、气象等信息采集设备布设，增强信息处理自动化分析能力，完善事件及交通状态信息发布系统。

充分发挥公路路网管理中心应急指挥的平台作用，建立完善的预警快速响应机制，应急信息快速通报机制，提高应急响应能力；加强与交警等相关部门的联动，深化长三角应急响应联动，建立跨行业、跨区域应急联动机制；在现有应急管理信息化系统的基础上，结合行业各项业务和实时运行管理信息化建设，通过优化管理结构和延伸管理范围，达到应急管理与其他业务管理有效联动、应急预防能力大幅提升和对区县行业应急管理全面覆盖。

3)实现信息资源共享，以信息化推进管理联动

按照全市交通信息共享和交通运输部关于业务信息共享、部省联动的要求，继续有重点地推进信息资源共享工作，以信息化推进管理联动，分别实现市域内跨行业跨区域信息共享、部省联动以及长三角信息互通、管理联动的目标。

4)拓展服务手段，形成面向社会公众的综合信息服务体系

继续以路网管理中心为依托，不断拓展服务手段、丰富服务内涵。拓展 12122 服务电话的覆盖范围和内容，提高服务能力，将 12122 公路服务热线打造成为覆盖公路网、公众广泛知晓、服务文明规范的公路服务品牌；进一步丰富网站、短信、微博、路边可变信息标志、公共媒体、移动终端等多种服务手段，建立多元化的公众出行信息服务体系，提高社会公众满意度。

1.3.3 浙江“智慧高速”建设

到 2011 年底，浙江省高速公路通车里程已达 3 500km，形成了“两纵两横十八连三绕三通道”的四小时高速公路交通圈，日均车流量达到 84 万车次，在经济社会发展中具有举足轻重的地位和作用。然而，随着交通流量日益增加，路网运营出现了以下突出问题：交通事故多发、遇到重特大交通事故时缺少省级统一指挥平台；恶劣天气下通行安全保障缺少科学预测和决策支持；危化品运输管控难；ETC 没有形成规模；全省高速公路服务电话号码不统一、信息不共享等。

为解决以上问题，浙江省启动了“智慧高速”项目。“智慧高速”是浙江省 2013 年启动的智慧城市建设试点首批 13 个项目之一。“智慧高速”遵循顶层设计、分步实施，资源整合、信息共享，统一标准、业务协同，需求导向、注重实效四项基本原则，按照“8141”总体思路，建设成为现代交通信息技术及系统集成的应用示范工程，以应用促发展、促创新，带动相关产业集聚发展。

1.3.3.1 “8141”总体思路

“8”指的是：一套信息采集系统、一套网络传输系统、一个数据处理中心、一个运行服务体系平台、一张协同服务网络、一套技术与业务标准体系、一套责任追溯查证体系、一个公司运行维护。

“1”指的是：形成省高速公路运行服务指挥中心，实现高速公路各相关单位联合办公、协同管理、资源共享和“一个口子对外”的管理服务模式。

“4”指的是：“一令通”、“一号通”、“一卡通”、“一键通”。

“1”指的是：力求“一揽子”解决高速公路管理和服务问题。

“智慧高速”总体架构主要由数据采集、关联信息、数据处理中心和运行服务体系平台、协同管理、智慧服务、网络传输、责任追溯查证、技术与业务标准、开放共享九部分组成 。

数据采集主要指从高速公路智能终端设施或系统直接采集的与“智慧高速”直接相关的图像、交通流、交通环境、交通事件、交通运行管控和车辆收费六类动态数据。

关联信息主要指高速公路业主拥有的高速公路现状信息和从其他部门信息系统接入与“智慧高速”间接相关数据信息，由拥有单位开放数据公共接口、实时共享相关数据和图像，主要包括：高速公路业主的现有道路设施、安全设施、机电设施、报警设施、清障设施信息等；公安部门的驾驶员及车辆信息、车辆违规信息、人口基础数据等信息；交通部门的路政及养护信息、货运物流的相关信息、客运联网相关信息、周边道路交通信息；其他危化品运输车辆、医疗机构、车联网、应急救援装备及人员等信息。

数据处理中心和运行服务体系平台是利用云计算技术建设的统一的高速公路数据智慧化处理和服务平台，是将高速公路智能终端直接采集的实时数据和关联信息进行汇聚、处理和交互的平台，为高速交警部门、公路管理部门、高速公路业主、其他有关单位、驾乘人员、增值服务商等用户提供协同管理和智慧服务。

协同管理是指高速交警部门、公路管理部门、高速公路业主及相关单位依托运行服务体系平台，统筹各方力量和资源，实现信息、资源、业务和管理决策的协同，提高管理效能，包括运行监控指挥系统、运输安全监管系统、联网收费管理系统、ETC 运行管理系统。

智慧服务主要是指依托高速公路运行服务体系平台面向各方提供出行服务、增值服务、辅助决策分析和基础信息管理等智慧服务。可根据需要新增开发新的应用系统，进一步拓展服务范围。

网络传输主要通过有线网与无线网相结合的方式实现。有线网是“智慧高速”运行的基本通信保障网，包括高速公路骨干通信专网、政府部门的专网、租用网络传输商的专线、网络传输商的有线公众网。无线网主要是指 3G 和 4G 手机通信网、WLAN、无线集群通信专网、无线传感网、GPS 和北斗卫星、广播电台。

责任追溯查证主要通过制度和技术两个手段来保障数据运行的安全可靠，明确各业务流程的安全责任，确保指令传达通畅、反应快捷、数据信息安全、网络安全可控、责任可追溯查证，进而构建起智慧高速从规划设计、项目建设、运行维护和数据网络安全保障体系。

技术与业务标准是由技术与业务高度融合的地方标准、行业标准和国家标准组成的标准体系，包括智慧高速基础标准、智慧高速定义标准、其他相关标准、数据采集标准、关联信息标准、数据处理标准、协同管理标准、智慧服务标准、网络传输标准和责任追溯查证标准等。

开放共享指“智慧高速”是一个开放的系统，与“智慧浙江”运行服务平台、长三角区域合作信息平台、省级相关部门业务平台、地市级相关业务平台可以实现信息的互联互通，并可通过省级相关部门业务平台与国家业务主管部门的业务平台实现连接，在更大范围内实现信息共享。

1.3.3.2 建设内容

浙江省“智慧高速”建设的主要内容可以概括为九大部分。

1）组建浙江智慧高速服务公司

由浙江省交通集团控股、各高速公路业主参股，并吸收网络运营商、软件开发商、设备制造商等企业加入，按照一定比例出资，组建股份制的浙江智慧高速服务公司，承担开发建设、系统集成、运行维护、完善提升一体化职能，提供专业化网络服务和内容服务。

2）建设浙江高速公路运行服务指挥中心

基于运行服务平台，由公路管理、高速交警、高速公路业主组成浙江省高速公路运行服务指挥中心（可虚拟化运作），实行“一路三方”联合办公、协同管理、资源共享、统一服务指挥，实现“一令通”。

3）建立数据采集系统

在现有高速公路摄像机、车检器等监控设施的基础上，按照“智慧高速”建设的相关标准，对数据采集设施系统进行改造提升。

4）打造处理中心和运行服务体系平台

浙江智慧高速服务公司建设数据处理中心和运行服务体系平台（联合办公大楼），按照云计算模式，建设数据处理中心机房，布设后台系统硬件设备、安全保障设施，开发相关应用软件系统，如智慧高速运行监控指挥系统、辅助决策分析系统、运输安全监管系统、联网收费管理系统、ETC 运行管理系统、增值服务管理系统、出行服务系统和基础信息管理系统等，形成运行服务平台。

5）建立网络传输体系

坚持有线网与无线网、专网与公众网相结合，依托现有浙江省高速公路通信骨干光纤网络和其他通信资源，建设高速公路骨干通信专网、无线宽带网和无线集群通信专网。骨干通信专网按照“大容量、高速率”目标要求进行升级改造；无线宽带网主要是租用通信网络服务商的宽带和 3G、4G 网络资源，通过移动通信基站来实现；无线集群通信专网主要是通过整合各方既有资源，建设高速公路无线集群通信呼叫系统，实现“一路三方”统一通信。

6）建立呼叫服务体系

借鉴网络传输商呼叫中心建设的经验，整合现有的呼叫号码资源，统一高速公路客服号码，承担受理咨询、投诉、求助、报警等功能，承担高速交警、公路管理等部门的电话接听事务和出行人员咨询事务。通过广播电视媒体、出行网站、手机终端、LED 情报板、服务区触摸屏、一键通车载终端等设施，提供全方位的出行服务。

7）发行并推广应用“浙通卡”

在推广应用 ETC 的基础上，整合目前的高速公路通行卡，发行并推广应用“浙通卡”，逐步实现高速公路通行、卫星定位、消费、缴费等多重功能。制定扶持政策，与银行等相关机构合作，利用市场化机制，大力发展“浙通卡”用户。

8）建立技术与业务标准体系

对高速公路领域相关的国际标准、国家标准和行业标准进行综合梳理，在信息化主管部门、标准化主管部门和有关业务主管部门的指导、帮助下，结合试点，超前设计，边实践探索、边总结完善，形成技术、业务流程高度融合的商务模式创新的标准，并争取成为地方标准、行业标准或国家标准。

9）建立信息安全保障体系

浙江智慧高速服务公司由国资控股，将安全技术、安全设备融入“智慧高速”软硬件开发建设之中。在硬件方面，主要实施设置防火墙、防病毒软件、系统异地容灾备份设施、布设系统安全自动巡检和报警系统等安全策略；在安全制度方面，主要采取集中式权限管理，建立全程的责任追溯查证系统，实行违信违规违法的追究制度，加大安全检测、等级保护、风险评估、应急预案、电子认证等工作力度，及时发现和修补安全漏洞。

1.3.3.3 体制机制建设

"智慧高速"的体制机制建设应坚持政府主导与市场运作相统筹，体制机制的动力与市场主体的活力相结合，推动商业和服务模式创新，适应个性化、多样化、快节奏的服务需求，主要包括以下四大机制。

1）公司化运作机制

实行市场化运作，就是要把专业化的内容服务做好，提高服务质量和效率；不断拓展业务范围，提升规模化效益；建立自我激励约束机制，动态优化提升服务模式。浙江智慧高速服务公司是一家带有公益性的公司，其主要收入来源于为政府及部门服务，收取服务外包费用；为高速公路业主服务，从高速公路新增收益中得到回报；为第三方出行服务商等服务，有偿提供数据内容。

2）业务协同机制

高速交警、公路管理、高速公路业主及相关单位依托运行服务平台，形成浙江高速公路运行服务指挥中心，资源共享、业务协同、标准统一、服务一体化，按各自职能开展协调指挥、管理服务。应急处置突发事件时，政府及公安、交通运输、业主等单位在运行服务平台上统一指挥，统筹协调、上下联动、快速处置。同时，科学合理地建立高速公路运行管理服务和应急处置的分级响应机制，实行高速公路运行服务（终端）前端与后台一体化建设机制，提升业务协同服务能力。

3）服务外包机制

政府部门要坚持市场能办的事交由市场去办、政府花钱买服务的理念，从具体事务中摆脱出来，重点管决策、管规划和方案（标准）的审定、管标准建设、管管理制度建设、管上下左右关系的协调、管运行安全保障，把数据处理、系统开发、运行维护、日常咨询事务受理处理等一般技术类事务类业务服务外包给浙江智慧高速服务公司。公路管理、高速交警部门信息化管理职能逐步从信息系统开发、维护逐步转向对网络服务外包业务的评价、考核和监管上来，加强对外包服务质量、绩效、安全性的评价考核。

4）协作共享机制

政府各相关部门要坚持不求所有、但求所用，不求为我所有、但求为我服务的理念，支持和参与"智慧高速"建设，整合相关资源，发挥最大效应。"智慧高速"系统采集的数据和关联信息通过有线或无线网，首先直接统一接入到"智慧高速"数据处理中心，按业务应用模块进行智慧化处理后，由政府、交通运输、公安、高速公路业主等单位开放共享，同时生成各类解决方案，通过一定渠道向公众提供方便快捷的服务。

1.4 国内外智慧高速公路经验借鉴

1.4.1 智慧高速公路的发展离不开国家战略层面的支持和规划

国家的政策支持是智慧高速公路发展的坚实保障。从国外现有经验来看，凡是智慧高速公路建设取得卓越成效的国家，无不是先从国家战略层面予以规划，后逐步推广实施。例如，1995 年美国运输部正式公布了"国家 ITS 项目规划"，明确规定了 7 大领域（即基本系统）和 29 个用户服务功能（即子系统）。日本 1996 年完成了交通信息化发展的整体构想，确定了 ETC、交通及营运管理、出行辅助系统在内的 9 大开发领域。欧洲 2011 年明确在交通信息化发展框架、车路协同、道路安全等领域拓展，在 2012 年 8 月发布行动纲领，目前已在开放式车载平台、统一数据平台、车路协同、安全保障、信息服务等方面制订了详细的工作计划。2011 年韩国国土交通部制订和发布了交通信息化系统框架结构和发展计划。包括中东地区一些国家也已开始制订交通信息化系统的研究框架。在统一的战略规划之下，各发达国家普遍开展了综合交通统一平台的研究、开发及应用，如英国的 UTMC、欧盟的 RIDENT、INFORTEN、SMITH，美国的 ADUS、IEN，以及日本的 VICS 等，上述系统均在交通建设与管理部门之间实现了信息共享与交换，取得了良好的应用效果。

1.4.2 智慧高速公路建设需要制订统一的规划、标准

标准化的建设有利于智慧高速公路建设的广泛推行。例如，日本的智能交通建设的最大特点就是全国统一规划和建设，成为世界各国的典范。1996 年，日本制订了统一 ITS 建设框架，同年建设了面向全国的 VICS 系统；2001 年，全国高速公路开始提供 ETC 服务；2004 年，由日本政府、ITS 日本以及 23 家企业等共同提出 Smartway 计划，该计划旨在将全日本 ITS 资源整合到一个平台，2007 年完成试验测试，现在已经进入建设阶段。用户通过单一的车载终端可以在全国高速公路上享受交通信息服务。

1.4.3 多样化、丰富的数据支撑交通信息化各项业务

综合的交通数据能够提供多样的信息，提高用户的使用体验，能够迅速推广和普及。交通信息可分为实时动态信息和历史数据，而交通信息源又有多种，包括交警数据、路政数据、高速公路管理者数据，气象数据等。数据的汇集整合将产生 1 加 1 大于 2 的效果。国外数据的采集和处理手段和方法值得借鉴。以日本 VICS 系统为例，日本所有高速公路公司、日本国土交通省以及各都道府县警察机构会将所有采集到的实时交通信息，免费提供给日本道路交通情报中心，该中心将信息整合后实时传给 VICS 中心，VICS 中心再对信息进行处理应用，最终发送到 VICS 车载客户端，用户接收到的信息准确而丰富，包括广泛区域的交通堵塞信息和驾驶所需时间、广泛区域内的交通事故道路施工以及车速车道限制信息、停车场位置和车位空置状况信息等。这丰富了 VICS 系统的功能，将系统的服务范围扩展到全国所有的高速公路，信息的准确性与实用性也得到提高，这也是 VICS 系统迅速普及的原因之一。美国在交通信息数据采集方面成就突出，美国各州主要采用的交通检测方式包括感应线圈、视频监控器、微波检测器、红外检测器、声波检测器、雷达检测器、地磁检测器、无线射频检测器、卫星定位浮动车技术以及手机蓝牙交通数据采集技术，交通信息数据采集方式多样并建设有交通信息平台，汇聚数据、处理数据，支撑应用。交通信息平台数据包括实时动态数据和历史数据。其全国各地交通控制中心、收费公路、移动运营商以及 911 台等数据源传来的速度、行程时间、事故、施工维护、天气手机数据等组成实时动态数据；州巡警的 CAD 事故数据、交通厅 MV4000 事故数据等组成历史数据。交通信息平台对这些数据分模块处理，得到交通状态图、交通报告以及公众信息库等输出文件，利用出行信息发布系统发布。德国在数据支撑方面的主要特点有：各州设有高速公路信息管理中心，并有较大的交通信息数据库，综合收集、存储、处理所辖路段道路信息。近年来，德国也参与了欧盟的 eSafety 计划，加强其车辆智能终端系统、电信基础设施等研究建设。

国内在交通数据方面的前期探索也取得了一些成就。上海综合交通管理系统的核心是上海综合交通信息平台，该平台汇集了道路交通信息数据、公共交通信息、对外交通信息三方面总共 237 种数据，包括道路交通信息 173 种、公共交通信息 30 种、对外交通信息 34 种。其中，道路交通数据又包括路网数据、机电数据、交通组织数据、气象数据、时间数据、交通流数据、诱导发布信息等。上海市的所有交通管理单位，包括高速公路管理者，均从综合信息平台获取到自己需要的各方面数据。北京规划高速公路智能交通系统以综合交通信息平台建设为核心，实现各业务系统之间的数据共享与信息集成。在北京市高速公路信息中心的基础上，建设北京市高速公路综合交通信息平台，建立交通基础资源数据库；建立交通基础资源电子地图，实现交通基础地理信息资源共享，重点解决信息处理和信息集成两个领域的关键技术。

1.4.4 信息服务是交通信息化的重要组成

交通信息化建设成功后，其应用领域众多，用途广泛。信息服务是交通信息化应用的典型领域。美国从早期的 VII 到现在的 IntelliDrive SM，均可为出行者提供动态路径规划、诱导以及安全方面的服务。在欧洲，ERTICO 提出 eSafety 概念并列入欧盟计划，拟通过车路通信与协同控制提高交通信息服务水平，TrafficMaster 以固定探测器数据和浮动车数据为基础，通过车载设备、移动电话、网络发布交通信息。英国推出了以超过 50 000 辆浮动车数据为基础的交通信息服务，包括行车时间预测、被盗车辆跟踪等。德国 VISUM Online 融合了检测器数据、浮动车数据和交通事故数据、先进出行信息系统（ATIS）的典型应用平台。在日本，VICS 可向全国范围内提供多种出行信息服务，包括实时路况和旅行时间预测、停车场信息、交通事件和天气状况，正在启动的 Smartway 项目，通过先进的通信技术将道路与车辆连接成为一个整体，为车辆运行提供信息服务。

1.4.5 充分挖掘数据提高交通信息利用价值

交通信息的采集、整合只是高速公路营运管理信息化的准备工作，但简单的整合并不能体现交通信息的优越性。在此基础上，需要对数据进行充分的处理、深度的挖掘，使用户方便使用，提高用户的使用感，真正体现数据的价值。国内外有着丰富的经验值得借鉴。在国外，美国威斯康星州交通管理系统根据采集数据，交通运营水平评价系统对道路交通状况提供相应的评价，并对历史数据进行趋势对比，简洁明了地体现出交通运营水平的发展趋势；美国加利福尼亚州高速公路交通信息化管理系统 PeMS 通过对历史数据的积累和统计分析，为交通管理人员及其他各类用户提供了高速公路多种性能指标查询，还可对历史交通需求进行分析，统计获得不同区域的车道/通行能力需求，这是对交通数据的充分挖掘；德国各州建设有交通信息库，将各种交通信息进行计算机分析、处理，形成各种控制、管理方案。北京正在建设“一个平台七个子系统”高速公路管理系统，七个子系统就是对“一个平台”数据的充分挖掘与使用；上海在一级综合交通信息平台支撑起了二级和三级应用平台，从而覆盖上海市交通管理的各方面。

1.4.6 交通信息化辅助指挥调度决策功能提升服务水平

信息是决策的基础。从美国、日本和德国的经验可以看出，通过交通信息化建设，提高了交通信息的传播速度、交通信息的整合程度，大大完善了管理调度和应急指挥所需资料的完整度，为良好的调度决策奠定基础，而调度决策的正确性直接决定了服务水平的优异性。尤其在碰到冰雪灾害、交通事故等突发状况时，对交通流的合理诱导以及恰当的应急措施，可以提高高速公路用户的使用体验。

1.4.7 运行维护管理对于交通信息化有重要影响

从国外交通信息化建设的经验可以看出，交通信息化并不是一蹴而就的，而是需要经历一个持续的过程，伴随需求的改变而不断进行一段长时间的发展过程。交通信息化的含义并不仅仅是系统软硬件的建设，而是包含系统建设和系统运行维护管理两个阶段的内容，其中系统运行维护管理由于其长期性、多变性和复杂性，相对于前期建设而言，对交通信息化的成果具有更深远的影响。例如，美国、日本、德国高速公路目前尽管采用手机、蓝牙、卫星定位浮动车等多种先进采集设备，但是感应线圈依然是其主要交通流数据采集设备，占到检测器比例的37%（威斯康星州），使用多年并为决策提供了精准的数据支持，这与设备的长期维护是分不开的。因此，在建设高速公路软硬件系统的同时，配套的 IT 运行维护管理系统也要建立，这样才能保证设备长期健康运转，从而提高系统的生命周期。

1.4.8　决策支持系统有助于实现高速公路交通协同管理

高速公路交通管理系统是以帮助高速公路的管理运营者实现高速公路交通在最佳状态下运行为最终目标。决策支持系统就是通过有效整合分散的系统和共享的操作，管理和数据以及分析，帮助经营者作出明智的决策，最终实现对高速公路交通系统的协同管理。例如美国伊利诺伊州高速公路管理系统的公路设施运行查询系统可查看桥梁的净空高度、载重限制、运营状态等信息，从而为区域内载重车辆的出行提供决策依据。此外，浙江的"智慧高速"、重庆的高速公路信息化建设等都打造了决策支持系统，为突发事件分流等决问题提供依据。

1.4.9　智慧高速公路建设要以先进的前沿科学技术为推动力

高速公路营运管理信息化实际上是将先进的电子信息和计算机技术应用于高速公路管理，而技术的发展日新月异，不断有新技术应用于高速公路管理运营，提高运营效率，降低运营成本。例如，当前热门的手机数据采集技术，它能够将大量闲置的手机数据转化为实时交通信息，成本较低，但是包含的信息量既大又全，未来应用的空间较大。当前，智能交通和物联网是交通领域最主要的研究热点，作为高速公路营运管理信息化的规划建设者，要对未来高速公路管理技术的发展有充分的预见。

1.5　江苏省智慧高速公路发展机遇与挑战

自1992年沪宁高速公路开工以来，江苏省一直坚持高起点、高标准、高要求地推进高速公路的建设。2008年，江苏省首轮规划的"四纵四横四联"高速公路网络主骨架全面建成，在全国率先实现了高速公路联网畅通。经过"十一五"的建设，到2010年，江苏高速公路通车总里程达到4 000km，密度居全国各省区之首。江苏省高速公路的飞快发展，加快了江苏省现代综合交通运输体系的形成，支撑了长三角地区经济社会快速发展的需求，充分体现了高速公路建设的基础性、先导性和服务性。江苏省第二轮高速公路网规划研究报告指出，到"十三五"末的2020年，江苏省高速公路网将形成"五纵九横七联"，路线总规模将达到5 200km。伴随着高速公路联网营运里程的不断增加，管理覆盖范围的不断扩大，高速公路营运管理在数字化的基础上向网络化、一体化和智慧化方向发展的需求日益增强，对联网营运高速公路信息化的覆盖范围及相关信息化系统建设也不断提出新的需求，在"十二五"期间提高高速公路信息化智能化水平已是大势所趋。

国家在"十二五"期间继续大力推进科技强国战略，为江苏省高速公路的进一步发展提供了良好的发展环境。《国民经济与社会发展第十二个五年规划纲要》明确提出，要实施创新驱动、"实施科技兴国战略和人才强国战略"，"加快建立以企业为主体的技术创新体系"，增强科技创新能力。党的十八大报告则指出，要"实施创新驱动发展战略"，加快完善社会主义市场经济体制和加快转变经济发展方式，明确要求科技创新是提高社会生产力和综合国力的战略支撑，必须摆在国家发展全局的核心位置。在《国家中长期科技发展纲要》中，交通运输被列为国家科技发展的重点领域之一。作为交通运输的主动脉，高速公路对国民经济与社会发展具有极其重要的支撑和促进作用。"十二五"时期，也是率先成网、质量上乘的江苏省高速公路借助科技创新平台提高运营和服务水平的关键时期。

2011年6月，交通运输部出台的《公路水路交通运输"十二五"科技发展规划》(交科技发[2011]234号)，明确交通运输科技发展必须紧紧围绕科学发展这一主题、加快转变发展方式这条主线，着力提高创新能力，持续推进科技进步与创新，支撑和引领交通运输科学发展。2013年12月，交通运输部杨传堂部长在2014年全国交通运输工作会议上做了题为《深化改革务实创新加快推进"四个交通"发展》的工作报告，报告指出："实施交通运输创新驱动发展战略，深化行业科技体制改革，加快推进科技创新，不断提升交通运输信息化智能化水平，为加快综合交通、智慧交通、绿色交通和平安交通建设提供坚实支撑。”因此，智慧交通是重要抓手，是提升交通运输服务水平的有效途径，也是推动交通运输转型升级的重要支撑，一些先进科技创新技术的应用会成为高速公路网进一步发展的核心驱动力。

面对交通运输发展的新形势新需求，江苏省高速公路深入贯彻落实“科技强交”战略，推进“四个交通”发展，营运管理向“联网运营与服务智能化”转型，为打造智慧高速公路开展了多项工作。根据江苏省委省政府指示和社会公众需求，江苏高速公路网紧紧围绕《公路水路交通运输信息化“十二五”发展规划》、《江苏省“十二五”国民经济和社会发展信息化规划》、《江苏交通运输信息化“十二五”发展规划纲要》总体要求，编制了《江苏交通控股有限公司“十二五”规划纲要》，并以公众服务为导向、以应急保障为重点、以数据挖掘为基础、以可持续发展为指引，积极参与全国高速公路营运管理信息化建设，全力打造江苏省高速公路网信息化管理国家示范区。2012 年以来，江苏省高速公路不断提高自主创新能力，加强科技研发并促进成果转化，充分发挥科技进步与创新在推进交通运输科学发展中的支撑和引领作用。

目前，江苏智慧高速公路建设已取得显著成果，建成了一定规模的信息化基础设施，在联网监控、信息采集、数据传输、指挥调度、信息服务等方面得到了规模化发展。手机信令、卫星定位、视频全程监控、气象监测等交通运行和环境状态采集系统的建设，为联网运营和服务提供了优越的交通状态感知条件；数据中心、调度平台、公众信息发布平台的上线运行优化了业务流程，极大提高了联网运营和服务的效率性、有效性和经济性。

江苏省高速公路运营与服务智能化从前期规划、顶层设计到建设实施，采用的核心技术、设计理念和初步建设成果均走在全国前列，高速公路网在基础设施建设、高效营运管理、信息化智能技术等方面取得的很多技术突破，已具有较大的推广示范价值。前期的“江苏省高速公路运营与服务智能化平台”建设成果在省内得到了充分的认可，也成功获江苏省经济和信息化委员会批准成为“江苏省信息化重大示范工程”。在此基础上，整个平台的参与者们不懈努力、踏实奋进，在省委省政府的坚强领导下，依托前期成果，由局部区域拓展到全省路网，深挖智能化平台建设中存在的关键科学问题、优化前期工程建设中形成的经验普遍性及适应性、构建关键技术科研攻关和可示范推广技术平台体系，申报的“江苏省高速公路网运营与服务智能化平台”顺利得到交通运输部科技示范工程的批准。依托这些典型示范工程，深化利用各种已有技术，同时在实践中创造出更丰富的科技成果，给江苏省智慧高速公路建设带来了不可多得的机遇，也将为“十三五”的相关建设提供良好基础和必要支撑。

2 智慧高速公路发展需求

2.1 智慧高速公路服务对象及其需求

本节结合江苏省智慧高速公路成果——江苏省高速公路运营与服务智能化平台设计成果，介绍相关内容。

2.1.1 服务对象

智慧高速公路建设的服务对象一般可分为高速公路管理者和高速公路使用者。江苏省高速公路运营与服务智能化平台的服务对象为：江苏省高速公路联网营运管理中心（以下简称联网中心）、江苏省高速公路各路桥公司以及社会公众三大主体。

2.1.1.1 联网中心

联网中心是江苏省高速公路联网营运管理委员会下设的非盈利办事机构，与全省各高速公路经营管理单位共同负责江苏省高速公路联网营运业务。其核心任务主要是从路网层面管理所辖高速公路联网营运管理业务，包括全省联网高速公路公共信息的收集和发布，全省联网高速公路监控调度与应急指挥工作和应急管理等业务内容。

联网中心从路网层面分析全省高速公路交通运行态势和营运状况，业务上协调、指导各路桥公司调度指挥，实现路网交通疏导和应急资源管理。发生交通事件事故等紧急情况后，联网中心根据所获取信息对紧急情况的严重程度进行判别。对于影响较小的情况，联网中心交由各路桥公司处理，联网中心起到业务上的监督作用；对于跨路段或影响重大的情况，联网中心从宏观上统筹、协调调度指挥工作，指导各路桥公司进行应急处理。

联网中心获取全路网静态、动态交通信息，为社会公众提供出行前或出行中的信息服务，实现公众出行的安全、便捷、舒适、高效。联网中心可通过网站、微博、广播等方式直接发布出行信息，服务社会公众；或将交通信息告知各路桥公司，经各路桥公司控制可变情报板等方式间接向社会公众发布出行信息。当路网交通状况发生变化时，联网中心及时将信息通过以上多种方式进行发布，实现出行信息服务的时效性和广度、深度上的覆盖。

2.1.1.2 各路桥公司

作为高速公路经营管理单位，各路桥公司管理所辖路段的营运业务，主要为路段交通运行状况监控、应急资源的管理，同时协调各分路段间业务工作。各路桥公司通过视频监控、路段巡查、人工上报等方式获取路段交通事件事故等信息，并上报联网中心。根据紧急情况的严重程度，各路桥公司自己进行处理，或在联网中心的协调指挥下调度应急资源，对紧急情况进行处理。

为所辖路段内出行公众提供交通信息服务是各路桥公司又一项重要营运管理业务，是实现路段交通畅通、稳态营运的重要手段，也为公众安全、便利出行提供保障。各路桥公司主要借助可变情报板等媒介，提供静态、动态交通信息，为出行公众提供诱导、辅助路径选择、交通安全提醒等出行信息服务。其中，各路桥公司沿线服务区的经营业务主要服务于出行公众，其对运营与服务智能化平台功能有特定的需求。沿线服务区希望系统能够通过服务区 LED 显示大屏幕、触摸屏、服务区广播等方式，为服务区内出行公众提供苏通卡充值服务、路线信息查询、路段事故信息提醒等服务；对即将进入服务区的车辆，借助情报板等方式提供服务区内车辆停放情况、拥挤提示等信息服务。

2.1.1.3 社会公众

社会公众主要指高速公路使用者，包括使用高速公路达到出行目的的民众和使用高速公路达到经营目的的社会企业，两者对高速公路经营管理单位所提供的出行服务信息的需求基本一致。社会公众在出行前希望能够通过网站、手机平台、微博等多种方式了解实时路况、道路施工、道路周边气象信息等服务；在出行中希望能够通过可变情报板、广播、网站等多种方式了解交通状态变化、交通事故信息告知、辅助路径选择等信息服务。

在“十二五”时期，高速公路面临的安全形势日趋严峻，应对各种突发事件的任务逐渐繁重。因此，联网中心与各路桥公司迫切需要一个安全有效、运行通畅、标准统一、应用全面、管理规范、资源共享、覆盖全省高速公路，并具有国际先进水平的运营与服务智能化平台，以实现信息化建设目标，提升各自运营与服务智能化平台能力和服务水平。与此同时，借助系统提供的内容精准、发布及时、覆盖全面的出行服务信息，满足社会公众日益提高的出行服务质量需求。

2.1.2 系统功能需求

2.1.2.1 联网中心对系统功能的需求

联网中心对系统功能的需求，主要表现在对实现指挥调度和公众出行服务信息化的需求，以及系统运行维护的需求。联网中心对系统功能的需求示意，如图 2-1 所示。

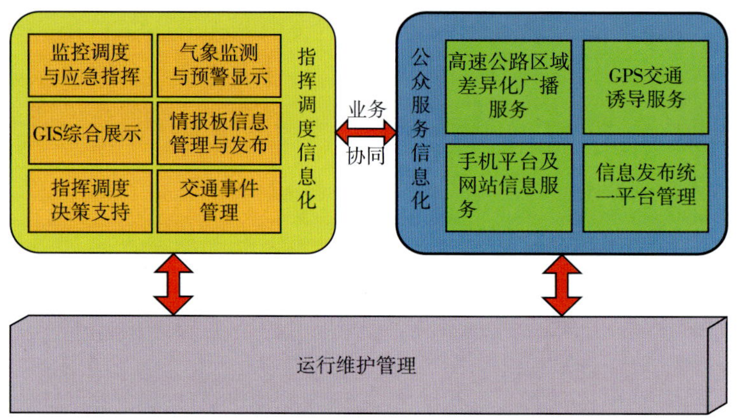

图 2-1 联网中心对系统功能需求示意图

2.1.2.2 各路桥公司对系统功能的需求

各路桥公司对系统功能的需求，主要表现在对指挥调度和公众出行服务信息化的需求，各路桥公司对系统功能的需求示意如图 2-2 所示。

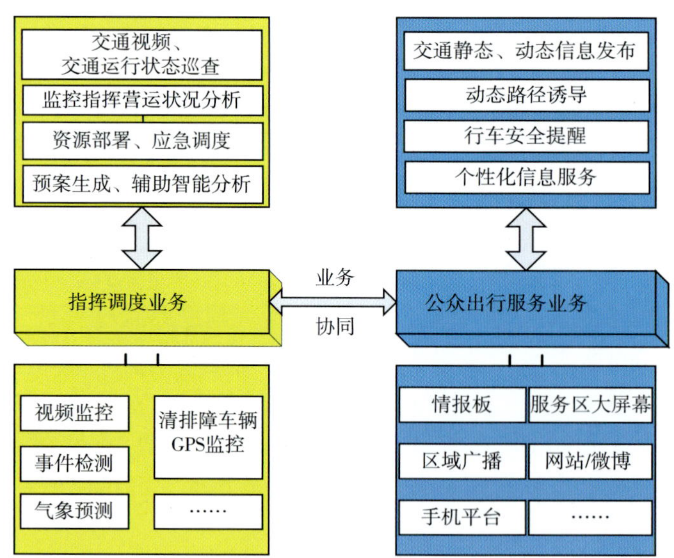

图 2-2 各路桥公司对系统功能需求示意图

2.1.2.3 社会公众对系统功能的需求

社会公众在使用高速公路过程中，出行前希望通过系统提供的网站、手机平台、情报板等多种方式，了解、掌握静态或动态交通信息；在出行中，希望系统提供动态的交通信息，并提供相应辅助决策，帮助社会公众实现最优化路径选择。社会出行公众对系统功能的需求示意如图 2-3 所示。

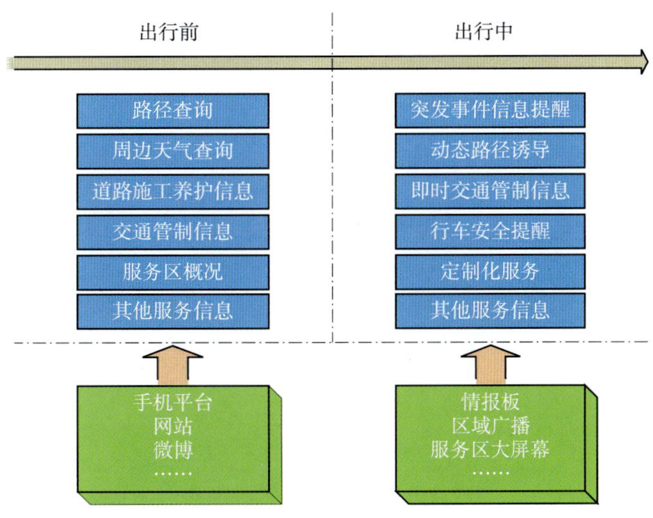

图 2-3 社会出行对系统功能需求示意图

2.1.3 业务服务需求

联网中心、各路桥公司、社会公众对系统的整体需求，主要体现在指挥调度业务的需求、公众出行服务业务的需求。

2.1.3.1 指挥调度业务的需求

1）功能需求

指挥调度平台总体功能需求为：全面监测、主动应急、科学调度、综合展示、智能决策。

（1）通过交通运行监测、事件发现、结合已有的人工上报过程，主动发现应急处置需求，提高指挥调度的应急接入效率与精确度。

（2）构建应急事件研判、调度资源分析、响应预案生成、处置预案生成等系统能力，实现智能化响应处置。

（3）通过情报板等公众信息载体，提高指挥调度处置效率，实现处置方法指令化、实时化。

（4）数据接入、分析、展示过程统一，以一套标准 GIS 显示界面对交通基础数据、业务系统处理数据、指挥调度过程与结果数据集中展示。

（5）对指挥调度业务过程与成效进行智能决策分析，面向领导生成多维度、多层次的路网运行、管理数据分析结果与统计报表。

2）性能需求

指挥调度平台总体性能需求如下：

（1）系统运行稳定，须保证系统服务的高可靠性，各模块要求运行稳定，特别是核心运算业务的运作和对非正常情况的可靠处理，以保证用户连接的畅通及业务处理查询的速度。

（2）软件长时间运行，系统平均故障间隔时间（Mean Time Between Failure，MTBF）不少于 10 000h，平均修复时间（Mean Time to Repair，MTTR）不大于 1h。

（3）局域网支持并发通信数量为 3 000 次/s；WEB 并发查询查询数量为 1 000 个用户。局域网每次信息查询的响应时间小于 2s；全局地图信息更新加载时间小于 2min；局域网在地图放大并加载所有图层的情况下移动地图延时在 0.3s 内。

（4）能支持大量并发用户访问，要求高峰时期支持 2 000 个以上的并发用户以及 20 000 个在线用户；系统响应时间不高于 20s。系统支持并发用户数大于 100 人；百万目录数据量带全文，检索客户端响应时间≤2s。

(5)查询界面友好，采用对话方式，入口、出口要简单、清楚、准确。报表生成：屏幕显示画面要清晰、数据编排要合理；屏幕颜色不刺眼，不要滥用颜色或过多使用鲜艳颜色；充分利用屏幕空间，重点突出图形区域；文本区域尽量缩小至一个合理的尺寸大小；相同功能的模块在不同子系统中以同一菜单出现。

(6)信息发布更新频率不大于10s，信息查询准确率高于98%，信息反馈界面尽量一个页面展现。各类信息查询成功率达到98%。

(7)基础数据存储符合高速公路运行监测与服务规范，依照该规范，建库、表及视图；数据库的物理结构设计应满足三大范式。

(8)要求每天自动一次增量存储备份，每周自动一次全量存储备份；支持手工备份。

(9)提供应急指挥调度模拟预案，执行效果和真实场景相似程度、处理办法以及评估结果相近。

3)数据需求

按照指挥调度平台的业务需求，划分数据需求，数据内容必须包含表2-1所示内容。

指挥调度平台数据需求总表 表2-1

数据项	数据内容	更新周期
视频图像信息	视频数据、视频属性数据	实时
交通运行状态信息	交通运行参数、交通运行指标、交通异常信息	<30s
交通管制信息	管制原因、管制级别、管制影响信息	管制触发更新
交通事件信息	事件发生信息、对道路通行能力的影响程度	事件触发更新
交通事故信息	事故发生信息、对道路通行能力的影响、事故处置信息	事故触发更新
气象源信息	气象数据、气象预警信息	<5min
清排障车辆信息	车辆状态信息、车辆资源信息(清障车辆、除雪扫雪车辆)	<1d
应急资源信息	应急资源属性、应急资源使用信息	<5min
相关单位联系方式	各监控分中心联系方式，路政、交巡警、医疗、消防联动单位联系方式	变化触发更新
高速公路GIS基础信息	基础图层数据、路线、桥梁、隧道、收费站、服务区、出入口节点基本信息、公路管理或经营单位数据、公路监测设施基本信息	变化触发更新
路侧设备运行信息	基础设施静态信息、基础设施运行信息	静态信息：变化触发更新 运行数据：<30s
服务区信息	服务区服务信息、服务区内交通信息	<2min
气象源信息	气象数据、气象预警信息、气象地理数据	<5min
情报板信息	情报板的发布内容、时间，所属监控分中心、情报板设备号、情报板设备位置	<5min
联动单位车辆信息	交警、路政单位车辆信息、GPS信息	<30s
免费放行信息	免费放行信息	<1d
闯卡逃逸信息	闯卡逃逸地点、时间	<1d
指挥调度设备故障及维修信息	指挥调度设备故障地点，维修时间、设备所属单位	<1d
施工作业信息	施工作业起讫点、时间、影响范围	施工前触发更新
危化品运输车辆事故	危化品类型、道路环境、事故路段、事发时间	<5min
警卫任务信息	警卫时间、执行情况	

2.1.3.2 公众出行服务的需求

1）功能需求

公众服务平台总体功能需求为：

（1）卫星定位交通诱导系统的需求

卫星定位交通诱导系统是为满足社会公众出行中的实时诱导需求。该系统需与卫星定位车载终端的运营商一起合作提供服务。由云计算数据中心接入高速公路基础地理信息、道路施工、交通管制、交通事故信息等，经过卫星定位交通诱导系统，按照运营商的要求进行信息处理后，得到适合卫星定位车载终端使用的交通诱导信息，通过信息输出模块传输给卫星定位车载终端运营商，由其进行高速公路范围内车辆的服务。

该系统的核心功能需求是提供交通诱导服务，为了满足系统的这一功能需求，系统应具有的功能主要包括：

①数据组织和处理

为了能够提供准确、高效的交通诱导信息，根据基于卫星定位的交通诱导系统的数据需求，通过数据接入接口接入高速公路基础地理信息、交通事件、道路施工、交通管制等数据，按照运营商的需求，进行符合卫星定位交通诱导应用的信息处理。

②交通信息输出服务

根据与运营商建立的交通信息输出接口要求，将运营商需要的交通信息按照约定的时间周期进行信息输出。

③服务管理

由于卫星定位交通诱导系统支持的用户可能有多家，需要对各用户进行如订阅信息管理、访问管理等。

（2）基于手机的信息互动服务系统的需求

基于手机的互动信息服务系统需要开发智能手机的客户端，通过手机客户端，既能实现类似于手机网站的信息查询服务业务，又能实现基于位置的个性化信息服务，还能实现类似微博的信息交互功能。

①信息接入和处理

手机服务系统需要云计算数据中心接入数据，生成满足通用出行需求的图形或者文字形式的交通路况信息。

②信息交互

基于手机的信息互动服务系统，通过基于 iOS 和 Android 系统的手机客户端应用程序能按照用户输入的 OD 收费站出行需求，生成用户请求的最短路径导航信息和基于实时路况的导航信息等，在主要节点推送实时更新的最优路径信息。

③手机用户信息反馈

基于手机的信息互动服务系统，可对用户手机客户端上传的关于软件、关于出行过程中的高速公路经营管理方面的建议、投诉等信息进行获取、确认和交互，用于提高高速公路整体的管理水平和服务水平。

④服务管理

系统端可对用户的访问习惯、访问业务、总用户数、活跃用户数、并发访问量等进行统计，从而更好地改进系统质量。

（3）基于网站的信息服务系统的需求

系统应能满足公众 7 ×24h 进行交通信息查询的要求，系统应该采用易于公众理解与接受的形式发布信息，并且有更丰富的服务内容、更精细化的服务信息，系统应具备向公众进行多种服务方式使用方法推广的功能。

①信息接入与处理

基于网站的信息服务系统从云计算数据中心接入所需信息，并对其进行处理，生成用户请求的路径导航信息、实时路况信息等。

②综合出行信息发布

基于网站的信息服务系统利用现有的 wap. js96777 网站、js96777 网站、微博多种互动平台以文字、图像、视频、音频等多种形式向出行者提供综合出行信息服务，及时发布重要的实时路况、交通事件事故、道路施工养护、气象信息等交通实时信息，以便于出行者进行出行规划。

③高速公路出行者的反馈统计

为提高网站服务质量，需要对用户反馈信息进行统计和分析，增加对用户需求的实时掌握，提高网站和高速公路经营管理方面的用户满意度。

④服务管理

网站可对用户的访问习惯、访问业务、总用户数、活跃用户数、并发访问量等进行统计，从而更好地改进系统质量。

2）性能需求

公众服务平台总体性能需求如下：

（1）系统可用性，公众服务平台要求能够 7×24h 支持用户的访问，要求高可用性≥99.99%。

（2）系统实时性要求：

①从云计算数据中心输出写入，时延 <2s；公众服务平台至云计算数据中心的时延 <5s。

②高速公路区域广播发射站间的同步误差 <5s。

③基于卫星定位的交通诱导系统的数据传输的响应时间 <1s。

④基于手机的信息互动服务系统及基于网站的信息服务系统用户查询响应时间，简单查询 <2s、复杂查询 <5s、带实时信息的复杂查询 <10s。

（3）系统信息查询的准确性，基于手机的信息互动服务系统及基于网站的信息服务系统信息查询结果准确性应 >99.9%。

（4）并发性能需求：

①基于手机的信息互动服务系统能够支持 1 000 个用户并发使用。

②基于网站的信息服务系统能够支持 100 个用户并发使用。

3）数据需求

公众服务平台数据需求包含表 2-2 所示内容。

公众服务平台数据需求 表 2-2

数据项	数据内容	数据更新周期
高速公路 GIS 基础信息	路段基本信息、桥梁基本信息、隧道基本信息、互通立交、收费站基本信息、服务区信息、出入口节点信息、高速公路管理或经营单位数据、高速公路监测设施基本信息、收费费率信息	变化触发更新
动态交通信息	交通运行信息、交通事件信息、交通事故信息、施工养护信息、交通管制信息	2min
气象信息	气象预报信息	变化触发更新（依据气象服务系统）
	气象预警信息	<15min

续上表

数据项	数据内容	数据更新周期
周边省市高速公路 GIS 基础信息	收费站信息、服务区高速公路出入口信息、高速公路线特征基础图层数据	3 个月
高速公路服务区服务信息	高速公路服务区提供的加油、维修、购物、停车等信息	1 周
充值服务信息	苏通卡的充值网点、使用说明等	变化触发更新

公众服务平台数据存储必须需求包括：基础数据存储、实时数据存储、交通状态历史数据存储、服务历史数据存储、用户访问结果数据，具体内容见表 2-3。

数据存储需求 表 2-3

序号	数据项目	数据类型	存储周期	数据存储总量
1	高速公路 GIS 基础信息	基础数据	最新	10G
2	交通运行状态信息	实时数据	最新	10M
3	交通事件信息	实时数据	最新	1M
4	交通事故信息	实时数据	最新	1M
5	施工养护信息	实时数据	最新	1M
6	交通管制信息	实时数据	最新	1M
7	气象预报信息	实时数据	最新	1M
8	气象预警信息	实时数据	最新	1M
9	周边省市高速公路 GIS 基础信息	基础数据	最新	10G
10	城市道路与干线公路交通信息	实时数据	永久	100M
11	高速公路服务区服务信息	实时数据	最新	100M
12	充值服务信息	基础数据	最新	10M
13	全省交通状态图形信息	实时数据	最新	20M
14	服务历史数据	历史数据	1 个月	500G
15	用户访问结果数据	实时 + 历史	永久	1G
合计				约 522G

考虑到业务的增长、存储日志、冗余空间需要占用约 30% 的空间，因此，需要的数据量约为 522G/(1 − 30%) = 746G。

2.2 运营与服务需求

江苏省高速公路运营与服务智能化工程建设项目总体需求是：建设高速公路路网层面交通数据采集系统；构建具有系统安全、标准统一、管理规范、资源共享、融合分析功能全面的云计算数据中心；建设实现路网调度指挥实时化、全面化、系统化、准确化、科学化，推进指挥调度平台整体水平提升一个层次；采用多元化信息发布手段，建设涵盖公众出行链，大众化和个性化兼备的公众服务平台；

分阶段、差异化推进高速公路运营与服务智能化平台建设实施，提升江苏省高速公路运营与服务智能化水平。

2.2.1 采集系统需求

信息采集系统通过采集前端采集手机信令数据、卫星定位数据和收费车辆移动感知数据，将实时采集到的数据进行处理，并将处理后的交通路况数据经由不同的传输网络传送至云计算数据中心，同时将数据进行相应存储。本系统对数据有实时性、准确性、可靠性、传输与存储等方面的需求。

2.2.1.1 信息采集系统基本需求

(1)数据接入的需求：信息采集系统依据数据源各自特性，实现实时、准确、可靠地将手机信令数据、卫星定位数据和收费车辆移动感知数据分别接入系统。

(2)存储的需求：信息采集系统对于已接入的数据，按联网中心相关数据存储要求进行归档、存储。

(3)处理的需求：信息采集系统根据接入的手机信令数据、卫星定位数据和收费车辆移动感知数据，分别进行数据的加工处理，得到交通状态结果数据。

(4)标准化的需求：信息采集系统按云计算数据中心对数据格式的要求，将交通状态结果数据转换为联网中心统一定义的标准发布数据。

(5)数据报送(传输)的需求：信息采集系统需要将进行过标准化处理的交通状态结果数据报送至云计算数据中心多源采集库。

(6)实时性的需求：信息采集系统需要根据联网中心定义的数据上报周期要求上报数据。

(7)准确性的需求：信息采集系统需要根据联网中心定义的各数据源信息采集准确性要求提供数据。

(8)可靠性的需求：信息采集系统需要根据联网中心要求的系统可靠性保障系统的运行，并要求本系统的故障不能影响其他系统的运行。

2.2.1.2 信息采集系统其他需求

数据和系统安全的需求：信息采集系统需要确保数据及系统的安全性。

2.2.2 云计算数据中心需求

云计算数据中心需求主要包括：

(1)数据汇聚的需求：云计算数据中心需要支持对信息采集系统采集处理后的符合数据中心要求的标准化数据进行接入。

(2)数据存储管理的需求：云计算数据中心对汇聚后的数据进行分类管理，根据数据特性进行归档、存储。

(3)数据融合的需求：云计算数据中心为提高数据精度，要求根据需要对接收到的数据源进行融合，包括浮动车检测数据、手机检测数据、交调检测数据、路侧车检数据、气象数据等。

(4)交通状态预测的需求：云计算数据中心需要在融合数据的基础上进行短期的交通状态预测。

(5)交通态势分析的需求：云计算数据中心需要对当前和历史的交通数据进行态势分析比对。

(6)数据共享的需求：云计算数据中心需要提供标准统一的服务接口向内外部系统提供数据服务。

(7)安全性管理等方面的需求：云计算数据中心需要在物理安全、主机安全、网络安全、应用安全和数据安全等方面建立一整套保障体系。相关规范和制度需要符合相关机构对安全性方面的要求。

(8)系统可靠性方面的需要：云计算数据中心要求采用经济可靠的方式保障中心可靠稳定地提供服务。

2.2.3 指挥调度平台需求

指挥调度平台的需求主要包括：

2.2.3.1 监控调度与应急指挥系统的需求

(1)系统提供全省联网高速公路日常视频监控和路段视频实时调用服务。

(2)系统提供突发事件、天气灾害等特殊情况下的实时现场监控，应急方案确认和指令下发的服务。

2.2.3.2 GIS综合展示系统的需求

(1)系统以多样化的统计报表等形式在展示大屏上显示高速公路交通信息、基础设施、气象信息等相关数据，并实现对数据的检索和具体点位信息的查看。

(2)实现为路段或联网中心其他系统提供GIS服务的功能。

2.2.3.3 交通事件管理系统的需求

(1)系统汇聚路桥公司事件检测系统检测到的事件及其他上报方式上报的事件，为联网中心指挥调度中心提供对事件的处理情况进行记录、跟踪和反馈的服务。

(2)系统在GIS地图上直观地展示事件发生地点、时间、类型以及处理状态和结果。

2.2.3.4 情报板信息管理与发布系统的需求

(1)掌握全省联网高速公路情报板的分布和情报板发布信息的内容。

(2)根据指挥调度业务需求，结合应急指挥调度处置方案，可向路桥公司下发情报板发布指令，由路段公司发布情报板信息。

2.2.4 公众服务平台需求

公众服务平台的需求主要包括：

2.2.4.1 公众服务辅助分析系统的需求

为公众服务业务提供数据分析支撑的需求：公众服务辅助分析系统要求采用多样化的统计分析方法提供可靠的公众业务数据分析服务。

2.2.4.2 卫星定位交通诱导系统的需求

以卫星定位技术为载体，向公众提供高速公路实时交通信息诱导服务。卫星定位交通诱导系统要求通过向车载导航运营商提供高速公路实时交通信息，为公众提供交通诱导服务。

2.2.4.3 基于手机的信息互动服务系统的需求

以手机应用软件为载体，向公众提供高速公路实时交通信息服务。基于手机的信息互动服务系统要求通过手机应用软件，向智能手机用户提供实时交通信息查询、路径导航和信息互动等服务。

2.2.4.4 基于网站的信息服务系统的需求

以网站为载体，向公众提供高速公路实时交通信息服务。基于网站的信息服务系统要求整合已有js96777网站和wap.js96777网站，在现有互联网网站和手机网站服务内容基础上，对功能和服务形式进行升级，实现图形化的实时交通信息服务。

2.2.4.5 自助服务终端系统升级改造的需求

为用户提供比现有系统更为可靠的充值服务、更为丰富的终端业务功能。自助终端系统(升级改造)要求对原有终端软件、后台管理系统和账务系统进行功能升级与模块更新，提供多样化的信息服务。

2.3 技术需求

2.3.1 网络通信需求

2.3.1.1 网络覆盖范围

智能化平台的网络主要为了满足联网中心的手机信息采集系统、卫星定位信息采集系统、云计算数据中心、指挥调度平台各应用系统以及公众服务平台应用系统之间的网络通信需求。

2.3.1.2 广域网带宽需求

广域网带宽在满足以下系统带宽需求的同时，须满足系统建设中提到的其他要求。例如系统远程管理带宽需求。

1)手机信息采集系统带宽需求

(1)须满足手机信令数据采集实时性需求

实时性需求主要体现在手机信息采集系统广域网带宽必须满足数据采集时，每个周期的原始信令数据都必须在60s内传输完毕。

广域网带宽估算方法如下：

数据下载总带宽≥原始手机信令数据量×8bit/60s×1.25(损耗)。

数据上传总带宽≥1Mb/s。

(2)须满足数据安全性需求

为确保数据的安全性，避免出现数据丢失、数据异常、数据丢失等问题，原始数据采集建议采用数据专线方式接入，在保证数据安全及可靠性的同时，也保证数据的实时性要求。

数据专线一般要求线路稳定性高，端到端的ping值不大于10ms。

2)卫星定位信息采集系统带宽需求

(1)须满足GPS定位信息的实时性要求

实时性需求主要体现在卫星定位信息采集系统广域网带宽必须满足数据采集时，每个的周期原始GPS数据都必须在60s内传输完毕。

数据下载总带宽≥原始手机信令数据量×8bit/60s×1.25(损耗)。

数据上传总带宽≥1Mb/s。

(2)须满足数据安全性需求。

为确保数据的安全性，避免出现数据丢失、数据异常、数据丢失等问题，原始数据采集建议采用VPN方式，或者其他安全传输方式，确保安全、可靠传输。

3)云计算数据中心带宽需求

(1)须满足原始数据传输的实时性要求

满足实时性需求，主要是云计算数据中心广域网带宽必须满足数据传输时，每个周期的数据都必须在相应的周期内完成。

总带宽=总数据量峰值×8bit/60s×1.25(损耗)。

(2)须满足数据安全性需求

为确保数据的安全性，避免出现数据丢失、数据异常、数据丢失等问题，原始数据采集建议采用VPN方式，或者其他安全传输方式，确保安全、可靠传输。

4)指挥调度平台带宽需求

(1)须满足原始数据传输的实时性要求

满足实时性需求，主要是指挥调度平台广域网带宽必须满足数据传输时，每个的原始数据都必须在相应的时间内完成。

总带宽 = 总数据量峰值 ×8bit/60s ×1. 25(损耗)。

(2)须满足数据安全性需求

为确保数据的安全性，避免出现数据丢失、数据异常等问题，原始数据采集建议采用 VPN 方式，或者其他安全传输方式，确保安全、可靠传输。

5)公众服务平台带宽需求

(1)须满足原始数据传输的实时性要求

满足实时性需求，主要是公众服务平台广域网带宽必须满足数据传输时，每个的原始数据都必须在相应的时间内完成。

总带宽 = 总数据量峰值 ×8bit/60s ×1. 25(损耗)。

(2)须满足数据安全性需求

由于公众服务平台针对的用户群是 Internet 用户，因此数据安全的要求很高，必须要求对数据传输有相应的压缩及加密机制，避免出现数据丢失、数据异常、数据丢失等问题。

2. 3. 1. 3　网络设备需求

网络设备需求包含网络传输设备需求和网络安全设备需求两部分。

1)网络传输设备需求

(1)功能要求

①数据传输要求

设备接口采用标准的网络协议。以太网传输，须满足 802. 3 传输协议。

②设备管理要求

设备具备可管理性，可以实现带内、带外管理。

管理方式可多样，基于 IP 管理远程管理、console 控制台管理、设备日志管理及审计等。

具备简单的安全功能。

③设备可扩展要求

核心设备具备可扩展性，满足未来三年的数据增值对硬件的要求。

(2)性能要求

设备传输性能须满足设计要求：背板带宽要满足平台设计的数据交换要求；网络传输设备端口采用1 000M 自适应端口；核心设备具备模块化扩张性。

2)网络安全设备

(1)功能要求

网络安全设备需要满足：网络隔离功能、DMZ 功能、ACL 访问控制功能、VLAN 虚拟局域网功能、入侵检测功能、防网络攻击功能、支持 VPN 功能、网络端口 NAT 功能、设备日志管理审计等。

(2)性能要求

网络吞吐量不小于 300Mb/s，并发连接数不小于 130 000，网络端口为 1 000M 自适应，安全过滤带宽不小于 170Mb/s。

2. 3. 2　安全需求

2. 3. 2. 1　实体安全管理

实体安全管理对象包括电源供给、传输介质、物理路由、通信手段、电磁干扰屏蔽、避雷方式等。除正常供电外，需要有备份电源，应有应急备份传输方式，以防网络出现故障。

2.3.2.2 主机安全管理

主机安全管理应做到身份鉴别、访问控制、入侵防范和恶意代码防范的要求。

1)身份鉴别

要求应对登录操作系统和数据库系统的用户进行身份标识和鉴别。

2)访问控制

(1)所有的 Windows 服务器启用账户锁定策略，并且满足口令长度和复杂度要求以及定期更新口令；对 HP-UNIX 服务器启用登录口令的长度和复杂度要求，以及定期更新口令；对 Linux 服务器均启用登录口令的长度和复杂度要求、账户锁定策略以及定期更新口令。对服务器设置登录超时锁定

(2)对主机设置不同账号，进行分权管理。

(3)对远程登录功能实施安全控制，并通过 VPN 管理，实现远程安全管理。

3)入侵防范

(1)对服务器统一安装防病毒软件，并定期更新病毒库，保证系统安全。专门设置一台防病毒服务器，对防病毒软件进行统一的管理。

(2)操作系统应遵循最小安装的原则，仅安装需要的组件和应用程序，并保持系统补丁及时得到更新。

2.3.2.3 网络安全管理

网络安全管理，主要包括数据传输的安全、网络设备的安全、网络业务的安全、用户网络的安全、网络管理系统的安全，需做到以下要求：

(1)在外网防火墙配置安全访问控制规则，对外网服务进行细分，实施不同的安全策略，确保内网资源安全。

(2)对内网资源进行资源细分，对不同类型业务依据业务需求，划分 VLAN 资源，并且分配不同 VLAN 对应不同的业务，确保各项业务之间互不影响。

(3)配备专门的杀毒软件管理服务器，对设备进行统一的软件杀毒管理。

(4)配备专门的日志管理服务器，统一进行日志管理、监控，及时发现安全隐患，解决问题。

(5)依据条件，对网络设备配置 ssh、https 等安全管理服务，并且采用高复杂度口令设置，定期更换口令，实现远程安全管理。

2.3.2.4 应用系统安全管理

应用系统安全管理需达到以下要求：

(1)设计应用系统审计功能、系统管理功能。

(2)对系统账号、密码进行高复杂度管理，并对账号 ID 进行唯一性校验。

(3)根据实际情况，对数据内容进行压缩、加密处理。

(4)应提供数据有效性检验功能，保证通过人机接口输入或通过通信接口输入的数据格式或长度符合系统设定要求。

2.3.2.5 数据安全管理

为保证数据的安全，需要集中到数据库服务器中进行统一管理，使数据具有独立性，并提供对完整性支持的并发控制、访问权限控制、数据备份与安全恢复等。对于系统中的某些信息(如用户密码)，需要格外保护其保密性及完整性，即保证信息存储的安全。数据安全管理需满足以下要求：

(1)应能够检测到重要用户数据在传输过程中完整性受到破坏，具备对重要数据进行完整性校验功能。

(2)对数据进行定期备份，包括日志备份、完整备份、增量备份。定期对进行数据恢复测试，验证数据有效性。应能够对重要信息进行备份和恢复。

2.3.2.6 系统访问安全管理

由于系统的访问对象比较广大，涉及不同级别、不同部门的人员。因此，必须建立一种信任及凭证验证机制，保证用户身份唯一性，保证认证的权威性，并且需要提供用户和服务方的双向身份鉴别。

系统要求采用基于角色的访问控制机制，进行系统权限管理，明确某用户或程序是否有权对某一特定资源执行某种操作，防止用户或程序越权使用，消除系统隐患，同时提供良好的系统柔性。

2.3.2.7 安全制度管理制定

为了建设与运行安全可靠，需要制定包括关键设备的管理、人员管理、机房管理等安全管理制度。

2.3.3 云计算

2.3.3.1 云计算定义

云计算是一种信息技术与商业服务的消费与交付模式。在这种模式中，用户可以采用按需的自助模式，通过访问无处不在的网络，获得来自于与地理无关的资源池中被快速分配的资源，并按实际使用情况付费。本书采用 IBM 的定义。即这种模式的主体是所有连接着互联网的实体，可以是人、设备或程序。这种模式的客体是服务本身，包括我们现在接触到的，以及会在不远的将来出现的各种信息与商业服务。这种模式的核心原则是硬件和软件都是资源并被封装为服务，用户可以通过网络按需访问和使用。在云计算中，IT 业务通常运行在远程的分布式系统上，而不是在本地计算机或者单个服务器上。这个分布式系统由互联网相互连接，通过开放的技术和标准把硬件和软件抽象。

2.3.3.2 云计算特征

在云计算的定义中有四个关键要素，如图 2-4 所示。

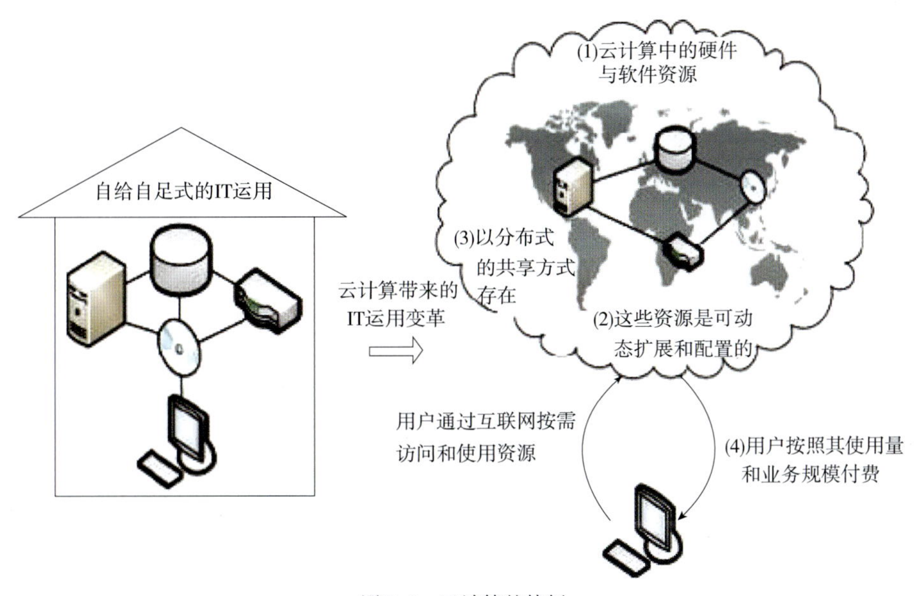

图 2-4 云计算的特征

(1)硬件和软件都是资源，通过网络以服务的方式提供给用户。

在云计算中，资源已经不限定在诸如处理器机时、网络带宽等物理范畴，而是扩展到了软件平台、Web 服务和应用程序的软件范畴。提供给用户的资源形式有多种，如计算处理能力、从设计开发到部署实施 Web 应用所需的软硬件平台、专业的客户关系管理应用模块等。传统模式下自给自足的 IT 运用模式，在云计算中已经改变成专业分工、协同配合的运用模式。对于企业和机构而言，他们不再需要规划属于自己的数据中心，也不需要将精力耗费在与自己主营业务无关的 IT 管理上。相反，他们可以将这些功能放到云中，由专业公司为他们提供不同程度、不同类型的信息服务。对于个人用户而言，也不再需要一次性投入大量费用购买软件，因为云中的服务已提供了他所需要的功能。

(2)软件与硬件都可以根据需要进行动态扩展和配置。

云服务可动态扩展和配置的特性可体现在：在极短的时间内为客户初始化上百上千台虚拟服务器的资源，并在几小时的任务完成以后快速地回收这些资源；满足企业的快速增长并不断改进业务需求，持续为其提供更多的存储空间、更高的带宽和更快速的处理能力。

(3)软件与硬件在物理上以分布式的方式存在，为云中的用户所共享，但最终在逻辑上以单一整体的形式呈现。

对于分布式的理解有两个方面。一方面，计算密集型的应用需要并行计算来提高运算效率。例如，一个 Web 应用是由多个服务器通过集群的方式来实现的，此类的分布式系统，往往是在同一个数据中心中实现的，虽然有较大的规模，由几千甚至上万台计算机组成，但是在地域上仍然相对集中。另一方面，就是地域上的分布式。例如，一款商业应用的服务器可以设在世界上的任一个角落，但是它的数据备份却由位于上海的数据中心完成。

(4)用户按需使用云中的资源，按实际使用量付费，而不需要管理它们。

企业没有足够的运算处理能力，但是云给了它强大的资源来快速完成任务，而它仅需要根据客户的实际使用量来付费。对很多企业来讲，如此巨大的计算量经常会出现，于是，依托强大的数据中心，从而避免了企业自己投资 IT 基础设施而可能出现的浪费现象或客户流失。

总之，在云计算中软、硬件资源以分布式共享的形式存在，可以被动态地扩展和配置，最终以服务的形式提供给用户。用户按需使用云中的资源，不需要管理，只需按实际使用量付费。这些特征决定了云计算区别于自给自足的传统 IT 运用模式，必将引领信息产业发展的新浪潮。

2.3.3.3 云计算的分类

云计算可按照服务类型和服务方式进行分类。

1)按服务类型分类

所谓云计算的服务类型，就是指为用户提供什么样的服务；通过这样的服务，用户可以获得什么样的资源，以及用户该如何去使用这样的服务。目前，业界普遍认为，云计算可以按照服务类型分为以下三类，如图 2-5 所示。

图 2-5 云计算的服务类型

(1)基础设施云(Infrastructure Cloud)

这种云为用户提供的是底层的、接近于直接操作硬件资源的服务接口。通过调用这些接口，用户可以直接获得计算资源、存储资源和网络资源，而且非常自由灵活，几乎不受逻辑上的限制。但是，用户需要进行大量的工作来设计和实现自己的应用，因为基础设施云除了为用户提供计算和存储等基础功能外，不做进一步任何应用类型的假设。

(2)平台云(Platform Cloud)

这种云为用户提供一个托管平台，用户可以将他们所开发和运营的应用托管到云平台中。但是，这个应用的开发和部署必须遵守该平台特定的规则和限制，如语言、编程框架、数据存储模型等。通常，能够在该平台上运行的应用类型也会受到一定的限制，比如Google App Engine主要为Web应用提供运行环境。但是，一旦客户的应用被开发和部署完成，所涉及的其他管理工作，如动态资源调整等，都将由该平台层负责。

(3)应用云(Application Cloud)

这种云为用户提供可以为其直接所用的应用，这些应用一般是基于浏览器的，针对某一项特定的功能。应用云最容易被用户使用，因为它们都是开发完成的软件，只需要进行一些定制就可以交付。但是，它们也是灵活性最低的，因为一种应用云只针对一种特定的功能，无法提供其他功能的应用。

2)按服务方式分类

云计算作为一种革新性的计算模式，虽然具有许多现有计算模式所不具备的优势，但是也不可否认地带来了一系列挑战，不论是从商业模式上还是从技术上。首先就是安全问题，对于那些对数据安全要求很高的企业(如银行、保险、贸易、军事等)来说，客户信息是最宝贵的财富，一旦被人窃取或损坏，后果将不堪设想。其次就是可靠性问题，例如银行希望每一笔交易都能快速、准确地完成，因为准确的数据记录和可靠的信息传输是让用户满意的必要条件。还有就是监管问题，有的企业希望自己的IT部门完全被公司掌握，不受外界的干扰和控制。虽然云计算可以通过系统隔离和安全保护措施为用户提供有保障的数据安全，通过服务质量管理来为用户提供可靠的服务，但是仍有可能不能满足用户的所有需求。

针对这一系列问题，业界以云计算提供者与使用者的所属关系为划分标准，将云计算分为三类，即公有云、私有云和混合云，如图2-6所示。用户可以根据需求选择适合自己的云计算模式。

图2-6　云计算的服务方式

(1)公有云(Public Cloud)

公有云是由若干企业和用户共同使用的云环境，IT业务和功能以服务的方式，通过互联网来为广泛的外部用户提供；用户无须具备针对该服务在技术层面的知识，无须雇佣相关的技术专家，无须拥有或管理所需的IT基础设施。在公有云中，用户所需的服务由一个独立的、第三方云提供商提供。该云提供商也同时为其他用户服务，这些用户共享这个云提供商所拥有的资源。

(2)私有云(Private Cloud)

私有云是由某个企业独立构建和使用的云环境，IT通过企业内部网，在防火墙内以服务的形式为企业内部用户提供；私有云的所有者不与其他企业或组织共享任何资源，私有云是企业或组织所专有的云计算环境。在其中，用户是这个企业或组织的内部成员，它们共享着该云计算环境所提供的所有资源，公司或组织以外的用户无法访问这个云计算环境提供的服务。

(3)混合云(Hybird Cloud)

混合云是整合了公有云与私有云所提供服务的云环境。用户根据自身因素和业务需求选择合适的整合方式，制定其使用混合云的规则和策略。在这里，自身因素是指用户本身所面临的限制与约束，如信息安全的要求、任务的关键程度和现有基础设施的情况等，而业务需求是指用户期望从云环境中所获得的服务类型。有研究表明，例如网络会议、帮助与培训系统这样的服务适合于从公有云中获得；数据仓库、分析与决策系统这样的服务适合于从私有云中获得。

一般来说，对安全性、可靠性及 IT 可监控性要求高的公司或组织，如金融机构、政府机关、大型企业等，是私有云的潜在使用者。因为它们已经拥有了规模庞大的 IT 基础设施，因此只需进行少量的投资，将自己的 IT 系统升级，就可以拥有云计算带来的灵活与高效，同时有效地避免使用公有云可能带来的负面影响。除此之外，它们也可以选择混合云，将一些对安全性和可靠性需求相对较低的日常事务性的支撑性应用部署在公有云上，来减轻对自身 IT 基础设施的负担。相关分析指出，一般中小型企业和创业公司将选择公有云，而金融机构、政府机关和大型企业则更倾向于选择私有云或混合云。值得注意的是，虽然私有云能够为企业或组织创建一个独占的云环境、具有防火墙内的信息安全保障、提供资源与服务共享的便利，但是拥有与运维一个私有云需要较高的资金投入与持续的技术支持，即便是实力雄厚的公司也会力不从心。同样，虽然公有云能够为用户快速而便捷地提供 IT 能力，但是有些企业和组织希望能够获得更强的私密性，因此，在现实的生产环境中，云的私有性和公有性并不是泾渭分明的，而是存在着多种逐级过渡的方案，如图 2-7 所示。

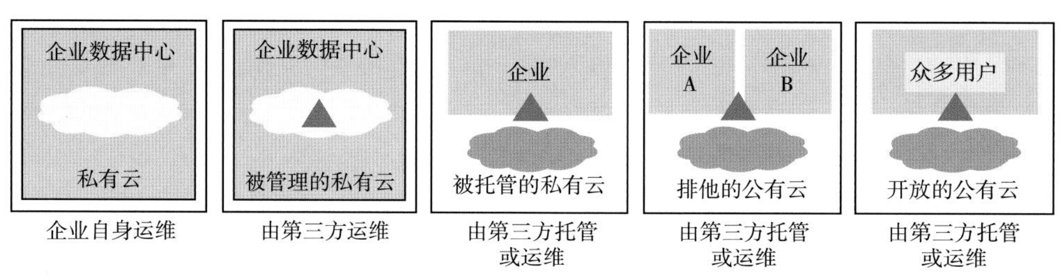

图 2-7　私有云至公有云的逐级过渡

除了完全由自己拥有和运维的私有云外，用户还可以选择“被管理的私有云”和“被托管的私有云”两种提供模式。在被管理的私有云中，承载云环境的 IT 设备和基础设施仍由所属的企业或组织拥有，在物理上位于企业的数据中心内，但其私有云的创建和运维将由专业的第三方公司来完成。一般来说，这样的第三方公司常常会通过以下步骤来帮助客户完成私有云的搭建：第一，将客户现有的物理资源通过虚拟化技术进行逻辑化，形成便于划分的资源池；第二，在该逻辑资源池上创建业务应用，并订立服务目录，以便使用者浏览；第三，为业务应用提供自助访问接口和用量计费功能，服务上线并为私有云所属的企业或组织内用户所用。此后，该第三方公司还将为客户持续地提供在运维上的支持，如安全管理、业务升级、新服务上线等。与被管理的私有云相同，被托管的私有云的创建与运维将由第三方公司来完成。相比前者更进一步，如果客户选择后者作为自己拥有私有云的模式，它将不再需要建设自己的数据中心，云环境所需的 IT 设备和基础设施将被托管在由第三方公司提供的专业数据中心内，并可根据合同的订立来保证客户在该数据中心内对资源在物理上或逻辑上的独占性。这种独占性是该模式与公有云的本质区别。在公有云中，不同客户需通过多租户（Multi Tenancy）技术来共享底层资源。

同样，用户对于公有云的选择还可以分为排他的公有云和开放的公有云两种。在排他云中，云服务的提供者和使用者不是同一个企业，但它们事先知道谁会提供何种服务，谁会使用何种服务，它们通过线下的协商确定服务价格和服务质量。排他云通常出现在企业的联盟中，例如：某大企业与它的众多供应商和业务伙伴间可以建立排他云，大企业为供应商们提供云服务；某一行业联盟中的企业间可以建立排他云，比如：航空公司、酒店、旅行社等组成的联盟。在开放的公有云中，服务的使用者和提供者在服务预订前彼此不知晓对方，它们的关系是通过在线服务订阅的方式确立的。服务条款通常是由服务提供方预先定义和控制的，而服务价格和服务质量约定也是自动的和标准化的，由服务提供方预先设定。

综上，从私有云到公有云，第三方公司能够为客户提供不同深度的自底向上的整合服务，帮助用户便捷可靠地获得私有云，同时有效减轻其建设数据中心、购置基础设施和运维云环境的负担。

3 智慧高速公路运营与服务智能化平台总体设计

3.1 总体设计原则

智慧高速公路运营与服务智能化平台建设是高速公路信息化向更高价值创造层次发展的里程碑，是以交通云计算数据中心为核心，融入大量的新技术并发展新的服务形式，以达到提高指挥调度水平、打造高速公路服务品牌的目的。因此，其建设须遵守以下原则：

(1)注重先进性和成熟性

高速公路运营和服务智能化平台既要从采集系统获取数据、与外部系统共享数据，又要处理多源数据以提供给指挥调度平台和公众服务平台使用，涉及跨系统和跨平台的复杂交互，应坚持开放共享原则。因此采用国际上先进且成熟的技术，注重技术、设备、软件、工具的主流性、成熟性。平台不仅反映当今国际先进水平，具有国内领先地位，又具备发展潜力，保证在未来若干年内仍占主导地位，可顺利过渡到下一代技术。

(2)注重开放性和标准性

为了应对新技术的发展变化以及系统功能不断扩展的需求，系统建设充分考虑良好的开放性和标准性，采用的标准与规范是遵循统一的国际标准或工业标准，有很好的开放性和嵌入能力。

(3)注重互换性和实用性

平台建设始终贯彻面向管理、应用和服务需要的实效方针，注重所采用的软硬件设备的互换性和实用性。

(4)注重经济性和专业性

本平台建设充分研究已有资源现状，尽可能充分利旧，避免浪费与重复建设。同时贴近业务应用需求，如可制作出具有专业水平的 GIS 图层、展示系统等。

(5)注重稳定性和可靠性

平台建设在注重技术先进性与开放性的同时，从系统结构、技术措施等方面着手，确保系统的稳定性和可靠性，特别是云计算数据中心子系统。

(6)注重可持续性和可扩展性

为了满足未来发展的需要，在进行平台建设时充分考虑到未来业务发展的各种可能性，预留适当的接口，保证系统的可扩展性，以确保系统的进一步优化和完善。

(7)注重长效性和可维护性

平台涉及数据采集系统、指挥调度平台和公众服务平台等多个系统。因此通过各种机制的建立来保障系统长期有效地运行，保证所有系统的可维护性。其中，考虑到数据的可靠性、准确性和稳定性对平台的重要影响，尤其注重系统数据质量保障机制和数据中心运行机制的建立。

(8)体现安全性和保密性

平台建设在充分考虑信息资源的共享基础上，注意信息保护和隔离。系统针对不同应用和不同网络通信环境，分别采取不同措施，包括系统安全机制、数据存取和管理的权限控制等。

3.2 总体逻辑架构

在理清路网管理机制、运营与服务智能化平台子系统之间关系以及路网与路段之间关系的基础上，建立了包含“一个中心、两大平台”的高速公路运营与服务智能化平台的路网层框架，如图 3-1 所示。

信息采集系统是整个运营与服务智能化平台的前端组成部分，是指挥调度和公众服务应用的重要基础。

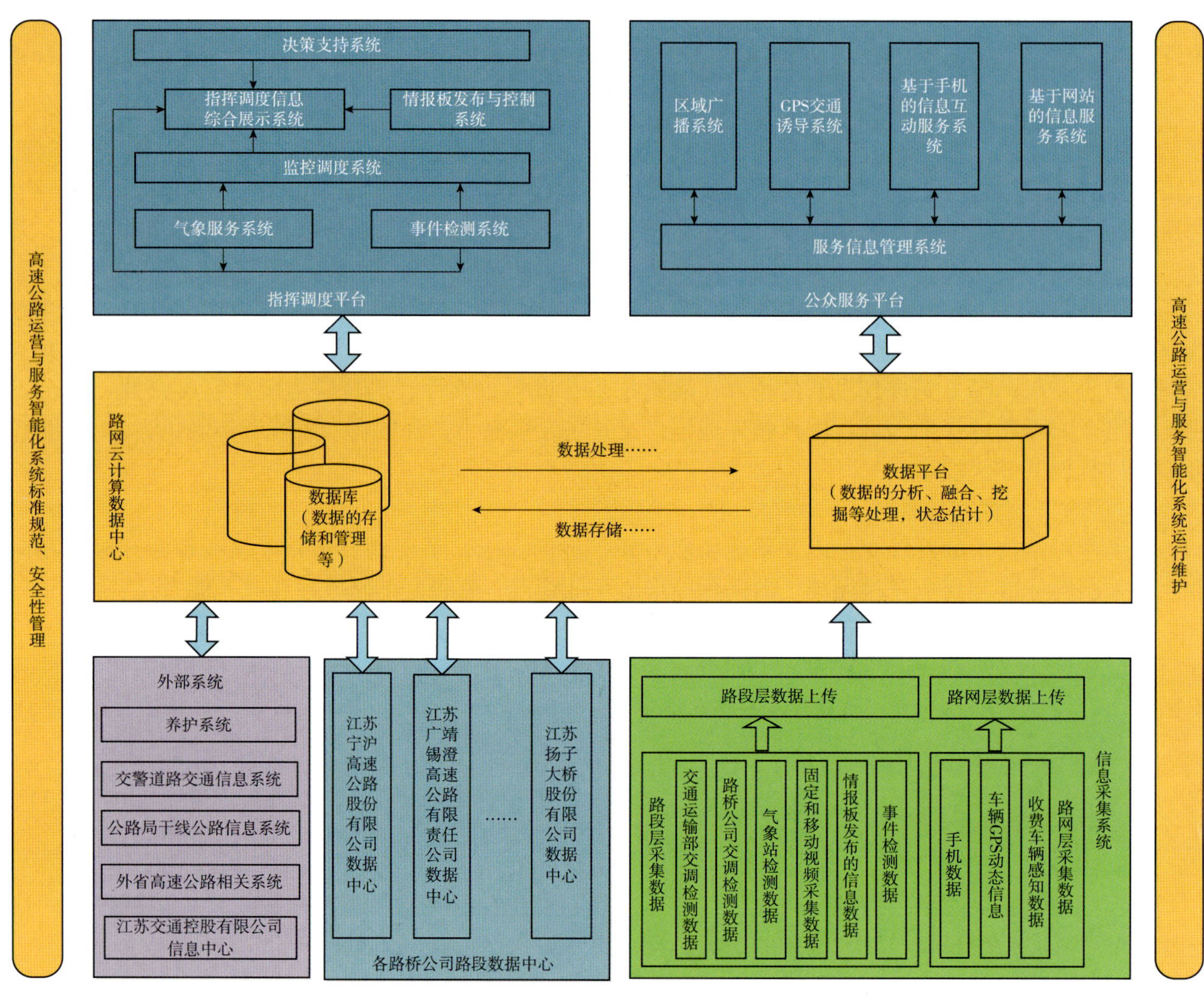

图 3-1　运营与服务智能化平台路网层框架

信息采集系统包括路网层采集系统和路段层采集系统。路网层采集系统采集的数据直接上传至联网中心的云计算数据中心。信息采集系统应用手机信令系统、卫星定位、视频检测器、车辆检测器、气象检测器等应用或设施，全面收集交通运行、突发事件、路网环境、基础设施、应急资源等数据，实现江苏省全路网的交通运行状态、路网环境和调度资源等信息的动态感知，为云计算数据中心的存储处理、指挥调度和公众服务的应用提供充分的数据支撑。路段层采集系统采集的数据上传有三种方式：交通运输部交调检测数据直接上传至云计算数据中心；视频数据直接上传至路段数据中心，联网中心按需调取；其他路段数据不仅传送至路桥公司的路段数据中心，还实时传送至云计算数据中心。

云计算数据中心的建设是运营与服务智能化平台设计的核心，包含数据整合存储、数据融合等信息分析处理和信息共享交互功能，实现各业务系统之间的数据共享与信息集成，为营运管理提供有效的数据支持。云计算数据中心总体可分为：数据仓库、交互共享处理平台、运行维护系统、安全性管理系统和云平台。数据仓库主要实现数据存储管理等功能；交互共享处理平台实现数据融合、交通状态估计与预测、数据共享、数据归档、数据接口等功能；运行维护系统保障智能化平台硬件运行情况、数据库运行情况、数据质量情况；安全性管理系统从物理、主机、网络、应用和数据等方面保障系统的安全；云平台为云计算数据中心重要系统提供备份系统。

指挥调度应用平台，以信息采集系统和云计算数据中心为基础，为全省高速公路交通营运与安全业务提供强有力的应用服务支持，提升交通营运管理的"流程化、智能化、精准化、科学化"水平。平台功能主要有以下几方面特色：

(1)在交通营运方面，指挥调度平台提供路网交通营运状态监测与分析功能，构建与路桥公司营运管理的纽带，通过路网交通状态信息分析子系统、路网交通营运状况统计分析子系统宏观管理全省路网的营运信息，为省级交通营运管理、分析、优化提供信息基础和业务管理平台。

(2)在交通安全方面，将气象预警系统纳入不利天气下交通安全管理范畴，基于智能事件判别技术提高交通异常事件的接警效率，第一时间在源头上发现安全隐患。融入应急指挥的智能化预警、响应、调度、评估业务模型，第一时间对影响交通安全的异常事件进行处理，实现快速、高效、精准应急调度。

(3)在紧急条件下，以指挥调度的业务管理权限直接对路段情报板信息进行管理，提高路网指挥调度平台的业务指导深度。

(4)构建以 GIS 显示技术为基础的综合显示子系统，将所有指挥调度基础数据信息、业务管理信息、系统协同信息在一张图上显示，提升资源聚合度，以一套系统共享交通业务信息。

公众服务平台包括公众服务辅助分析系统、基于卫星定位交通诱导系统、基于手机的信息互动服务系统以及基于网站的信息服务信息系统。公众服务平台能够为交通出行者提供综合的信息服务，通过各种信息发布工具，为交通出行者提供包括交通、气象、管养、旅游等基本实时出行信息的服务，实现广域信息资源共享，并在此基础上进一步提供出行前路径选择与辅助决策、出行途中实时诱导服务、个性化的增值信息服务等，提高高速公路驾乘人员的出行效率和舒适度，增强高速公路在车辆路径选择和乘客出行方式选择中的吸引力，提升全省高速公路网的运营效益。

3.3 功能概述

3.3.1 信息采集系统

信息采集系统为指挥调度平台、公众信息服务平台等应用系统提供丰富准确的信息资源，是整个运营与服务智能化平台的重要组成部分。现有高速公路信息采集系统为信息化发展奠定了良好基础。但随着业务需求的提升，现有系统在满足精细化、广覆盖的数据需求方面还存在一定差距。

江苏省高速公路采用多样化交通信息采集技术，构建经济可行化、区域差异化、高解析度、多维全覆盖的信息采集系统，从路网与路段两个层面设计了手机信息采集系统、卫星定位信息采集系统、收费车辆移动感知系统、视频监控系统、气象检测系统和路侧交调采集系统等六个系统。

3.3.1.1 手机信息采集系统

基于手机信令的信息采集技术是模糊定位技术中最具有应用前景的一种，模型简洁，运行稳定，而且对移动通信网络的正常运行影响很小，是一项非常适合实时交通信息采集的技术。本平台的手机信息采集系统即是利用手机移动通信网络中的越区切换信息来分析推算动态交通状况的系统，其交通数据采集技术基本原理如图 3-2 所示。本系统的运作过程为：首先采集手机原始信令数据和手机网络基础数据，再对这些数据进行过滤、分析、计算，通过地图匹配、路径匹配等模型的算法，最后获得路段的行程速度、行程时间及实时交通状态等。该采集系统得到的路况信息将会转换成云计算数据中心所需的统一编码格式，并进行数据的存储和应用。根据用户需求，将交通信息通过不同方式提供给不同的用户群体。

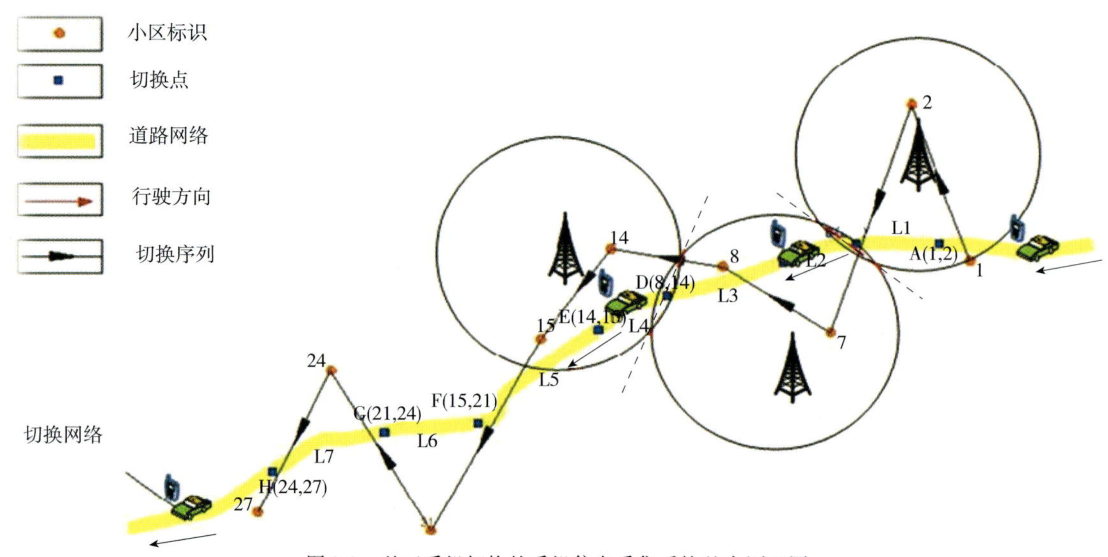

图 3-2　基于手机切换的手机信息采集系统基本原理图

系统主要包括以下模块：

1) 手机信令接入模块

手机信令接入模块通过特定的接口协议从移动运营商处获取相应的手机信令信息数据，包括数据接收模块、基站数据处理模块、数据计算模块、数据汇总筛选及合并模块、参数配置模块、系统管理模块、集群模块等。

2) 手机数据预处理模块

数据预处理模块从移动通信系统的信令平台获取的手机数据去除无用冗余的原始信令数据，获取有用的手机信令数据，以供后续对道路交通信息分析并应用。该模块包括：无线信号网络基础数据采集和处理模块、GIS 编码转化模块、数据分析模块、状态标定及输出模块、数据源质量分析统计模块、日志管理模块、数据接口管理软件、监控告警管理软件等功能模块。

3) 手机数据地图匹配模块

在经过手机数据预处理模块的数据过滤后，需要将每个手机用户的一系列信令事件信息定位至实际道路网，并将定位轨迹同道路信息相比较，通过适当的匹配过程确定出车辆最可能的行驶路段及车辆在此路段中最可能的位置。该地图匹配算法包括三个主要的处理过程，即确定误差区域、选取匹配路段和计算修正结果。

(1)确定误差区域：误差区域是指可能包括车辆真实位置的区域范围，一般视定位结果和误差情况确定。一般的，可以根据概率准则定义误差区域，即误差区域必须以一定的概率包含车辆的实际位置，最常用的误差区域控制方法是误差椭圆法。确定好误差区域后。便可以从地图数据库中选取候选匹配道路的信息，误差区域内的道路称为候选路段。

(2)选定匹配路段：该过程是从候选路段中挑选最有可能是车辆行驶路段的过程，挑选的原则依据具体的算法设计而不同，通常的标准是利用电子地图中的道路形状和车辆轨迹的相似程度。常规的算法有半确定算法、基于概率统计的地图匹配、基于模糊逻辑的地图匹配等。

(3)计算修正结果：确定好匹配路段后，计算车辆在该路段中最可能的位置，并用结果修正原有的定位输出。

4) 生成分段行程时间模块

按照本平台的性质和总体要求，需要根据预处理后的手机数据，生成路网道路分段行程时间与行程车速。

5) 实时路况处理生成模块

该模块中主要采用交通流参数模型、跟车模型等生成实时路况信息。

6)道路GIS数据维护模块

建立与江苏省高速公路联网中心GIS数据维护管理协调一致的GIS数据维护管理子系统，维护GIS数据，以使手机数据处理所需要的GIS数据与江苏省高速公路联网中心统一要求的GIS数据保持一致和同步。

7)系统管理模块

系统管理模块实现手机交通信息处理子系统统一的用户、设备以及系统配置参数管理及系统运行状态监控等功能。

8)数据传输模块

由于手机数据来自运营商的手机信令采集平台，所以必须保证手机信令采集平台与手机数据处理系统之间通信的可靠性和安全性。数据传输模块考虑手机数据处理系统设备部署位置、传输线路备份策略与网络设备架构，保证数据通信的实时性和带宽要求。

9)数据存储模块

存储模块保证手机数据的安全性并分担系统各部分的存储压力。

10)手机数据质量评估模块

手机数据质量评估模块负责完成对手机数据预处理后的状态数据进行评估分析，以判断接入手机数据状态数据的质量情况，为后续状态估计提供数据支撑。

11)当前交通状态估计模块

手机数据交通状态估计模块用以实现当前道路交通状态的估计功能，对状态评估后质量满足要求的数据采用状态估计算法进行处理，生成统一表达的实时道路交通状态数据。

12)交通状态预测模块

在处理生成当前实时路况的基础上，需要对未来短期内(15～30min)的路况信息进行预测处理，以满足交通信息发布预报的需求。手机数据状态预测模块实现当前手机信息数据以及道路交通估计状态、历史交通状态、气象信息等其他数据，根据特定状态预测算法，对高速公路网短期及中期交通状态进行预测处理，生成短期及中期交通预测状态结果。

13)手机数据源网络变动运行维护管理模块

及时了解整个手机网络的覆盖和稳定性状况对于实时交通处理系统的处理精度起到非常重要的作用。手机数据源网络变动运行维护管理模块需要根据手机网络变动来随时进行修正和维护，该模块包括主动告知、被动检测、调整通知、运行处理、问题分析等模块。

14)信息存储模块

信息存储模块须采用多级的存储架构，所有数据都可以进行在线备份和恢复，具体如下：

(1)磁盘阵列保存手机原始信令数据、基于手机的交通信息采集系统处理结果数据及其他数据存储。

(2)磁盘库保存磁盘阵列上需要长期保存的数据。

(3)数据保存周期要求(表3-1)

手机信息采集系统数据保存周期要求表 表3-1

数据内容	磁盘阵列数据保存周期	数据内容	磁盘阵列数据保存周期
手机原始信令数据	5年	GSM基础数据	5年
处理生成交通数据	5年	数据库系统数据	3天
分析数据	6个月	集群数据库备份数据	3天
GIS数据	5年	其他业务数据	7天

3.3.1.2 卫星定位信息采集系统

卫星定位信息采集系统通过从道路运输管理局统一抓取的标准格式数据，对源数据进行校验、过滤和坐标转换，去除干扰数据和无用数据，处理生成每辆车的车辆轨迹数据，以此获得行程速度、行程时间和里程等。该采集系统还会将获取的路况信息转换成云计算数据中心所需的统一编码格式，进行数据的存储和应用。在发布端，根据用户需求将交通信息通过不同方式提供给不同的用户群体。系统包括前端数据获取端、数据处理端及数据发布端，如图 3-3 所示。

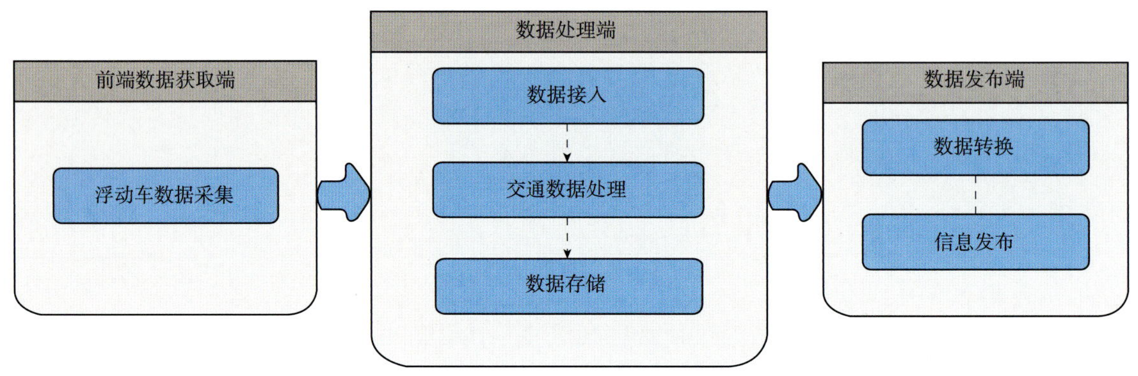

图 3-3　卫星定位信息采集系统构成

前端获取端获取原始数据并转化为系统所需格式。数据处理端及数据发布端由专业技术厂商提供，将卫星定位数据处理成为基于路段实时路况信息，并转发成统一 GIS 编码格式，发布至相应位置。

系统主要包括以下模块

1)浮动车数据采集模块

通过特定接口协议从浮动车采集系统获取高速公路已安装有卫星定位等卫星定位原始数据，例如卫星定位设备的"两客一危"数据。该子系统必须包括：数据接收模块、数据计算模块、数据汇总发布模块、参数配置模块、系统管理模块、集群模块等功能模块。

2)卫星定位数据预处理模块

对原始浮动车卫星定位数据，需要经过数据预处理功能，过滤去除空间定位无用或冗余的数据，获取有用的卫星定位数据以供提取道路交通信息。该子系统必须包括：GIS 编码转化模块、数据分析模块、状态标定及输出模块、数据源质量分析统计模块、日志管理模块、监控告警管理软件等功能模块。

3)生成分段行程时间模块

通过卫星定位浮动车交通模型，生成路网分段行程时间与行程车速，有以下功能：

(1)基于 GIS 对所覆盖高速进行分段，作为信息处理的基本单位。高速公路分段需要考虑立交、上下匝道、收费口、服务区等交通物理节点位置；

(2)生成分段行程时间信息，其中包括分段的交通状态信息，并考虑数据处理周期造成的时延影响。

4)路网基础数据加工处理模块

该模块包含路网数据制作(地图编码与路段划分)和交通基础数据制作。

5)系统管理模块

系统管理模块实现管理用户和设备、调整系统配置参数及系统运行状态的监控功能。

6)数据存储模块

基于车载卫星定位数据的交通信息采集系统原始数据大，为保证数据的安全性以及数据的统一管理，数据存储模块支持所有数据的在线备份和恢复的功能，具体如下：

(1)需要保存的数据包括基于车载卫星定位数据的交通信息采集系统处理、分析数据。由于需要对卫星定位数据进行分析，因此系统还必须将分析的结果保存一定时间。计算过程中的中间结果以及系统中的业务管理信息。保存在数据库中。

(2)数据保存周期要求，如表3-2所示。

卫星定位信息采集系统数据保存周期要求表 表3-2

数据内容	磁盘阵列数据保存周期	数据内容	磁盘阵列数据保存周期
卫星定位原始数据	5年	集群数据库备份数据	3天
数据分析数据	6个月	GIS基础数据	5年
处理生成交通数据	5年	其他业务数据	7天
数据库系统数据	3天		

3.3.1.3 收费车辆移动感知系统

收费车辆移动感知系统可实现对收费车辆数据的获取，包括ETC收费数据和人工收费数据。该系统对原始数据进行数据过滤、数据标准化等操作，去除干扰数据和无用数据，基于有效的收费车辆数据生成每辆车的车辆轨迹数据，以此获得行程速度、行程时间、平均行程车速、出行OD等。该采集系统将得到的路况信息转换成云计算数据中心所需的统一编码格式，并进行数据的存储和应用。

该系统主要包括以下功能模块：

1)基础数据处理工作模块

从联网中心获取车辆通过收费口时间、收费口ID、车辆ID、车型、行驶方向等特征数据。

2)数据预处理模块

包括数据接收、数据筛选、交通特征分析、结果数据标定及输出、系统管理、日志管理等。

3)生成分段数据模块

在预处理收费车辆数据基础上生成分段的行程时间。根据获取的车辆速度样本，在分析处理周期内对样本数据进行统计分析，得到分段的平均旅行车速和平均行程时间，并转换为分段交通状态信息。

4)道路GIS数据维护模块

为支持道路分段行程时间的计算，提供并更新收费站点、收费车辆位置与云计算数据中心标准GIS数据之间的映射关系。

3.3.1.4 视频监控系统

视频监控系统调用各路桥公司数据中心的实时视频信息，具有视频数据传输、视频数据标准化、视频信息实时调用展示、系统资源管理等功能模块。

1)视频信息接入和传输模块

该模块将视频前端采集的实时视频信息接入所属节点。接入节点的视频图像可以为PAL制式的模拟图像，也可以为MPEG-2、MPEG-4或H.264等格式的数字图像。视频信息应以数字形式传输，系统对外视频传输可以采用数字形式或模拟形式。不同视频系统之间的视频信息可以在权限许可范围内共享。视频信息系统的控制数据可以跨(子)系统传输。

2)视频信息实时调用模块

该模块具有视频信息实时调用功能。

3）视频信息互编互解模块

该模块具有相同制式不同生产商产品之间视频信息的互编互解功能，也具有不同制式视频信息的落地解码转换功能。

4）系统管理控制模块

该模块包括以下功能：支持模拟矩阵切换、数据矩阵切换、IP 网络流媒体分发控制，实现实时视频展示调用、分发或切换；支持远程实时 PTZ 控制；具有视频单播和组播等分发功能；支持锁定和解锁功能；可以按照需求调整相应编码器的编码速率，改变图像质量和传输流量；提供 WEB 服务，支持视频信息实时展示、切换和 PTZ 控制。

3.3.1.5 气象检测器系统

气象检测系统从省气象局获取原始气象检测信息。该采集系统得到的气象信息将会转换成云计算数据中心所需的统一编码格式，并进行数据的存储和应用。

气象检测系统有以下处理模块：

1）气象检测系统的信息接入和传输模块

气象检测系统采集江苏省气象局提供的实时气象检测信息，并将获取的信息转化为系统所需的格式数据，集中后接入所属节点。

2）气象检测信息存储模块

从通讯端口获取气象检测信息，并直接备份到本地数据库上本地存储，以便云计算数据中心调取使用，为各种应用提供数据支撑。

3）气象检测信息发布模块

根据用户的需求，将气象信息通过不同的发布方式提供给不同的用户群体（例如各路桥公司）。利用后端应用开发接口，统一定制数据规格。应用开发采用引擎模块设计，具有可扩展性，以满足不同信息发布的需求。

3.3.1.6 路侧交调采集系统

路侧交调采集系统从各路段数据中心采集路侧交调数据信息，包括统一抓取并存储成标准格式，获得路段流量、行驶方向、地点车速、车头时距、车头间距、跟车百分比、时间占有率等交通状态信息。

路侧交调采集系统有以下处理模块：

1）路侧交调信息接入和传输模块

路侧交调采集系统从路段数据中心抓取路侧交调数据，通过千兆以太网，将路侧交调信息数据抓取集中后接入所属节点。

2）路侧交调信息存储模块

获取路侧交调信息并直接备份到本地数据库上，以便云计算数据中心调取使用，为各种应用提供数据支撑。

3）路侧交调信息发布模块

根据用户的需求，将路侧交调的交通信息通过不同的发布方式提供给不同的用户群体（例如各路桥公司）。利用后端应用开发接口，统一定制数据规格。接口采用引擎模块设计，具有可扩展性，以满足不同信息发布的需求。

3.3.1.7 系统展示

以下以手机采集系统为例，分别展示运行管理、系统管理、交通查询、数据监控等系统功能的界面，如图 3-4 ~ 图 3-8 所示。

图 3-4 手机信息采集系统——运行管理界面展示

图 3-5 手机信息采集系统——系统管理界面展示

图 3-6 手机信息采集系统——交通查询界面展示

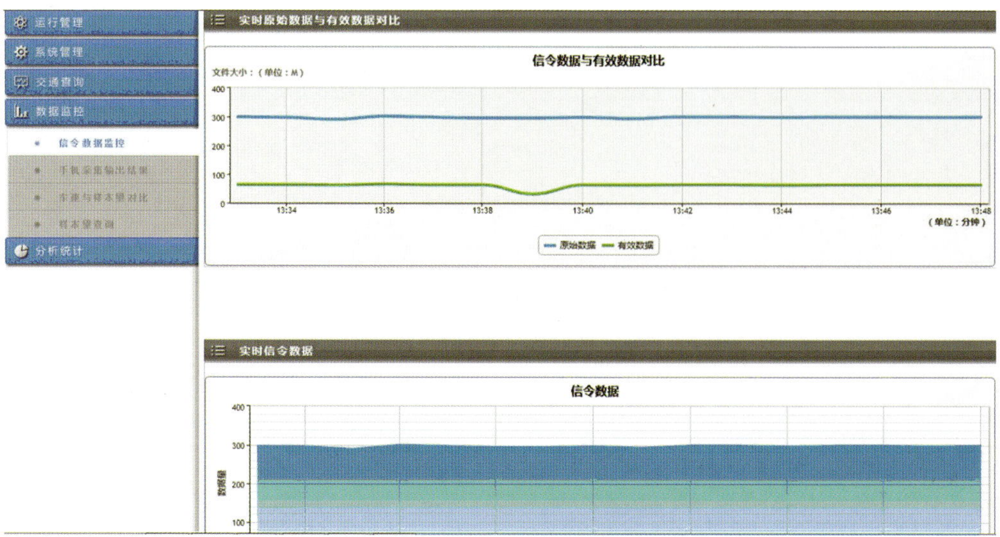

图 3-7　手机信息采集系统——数据监控界面展示 1

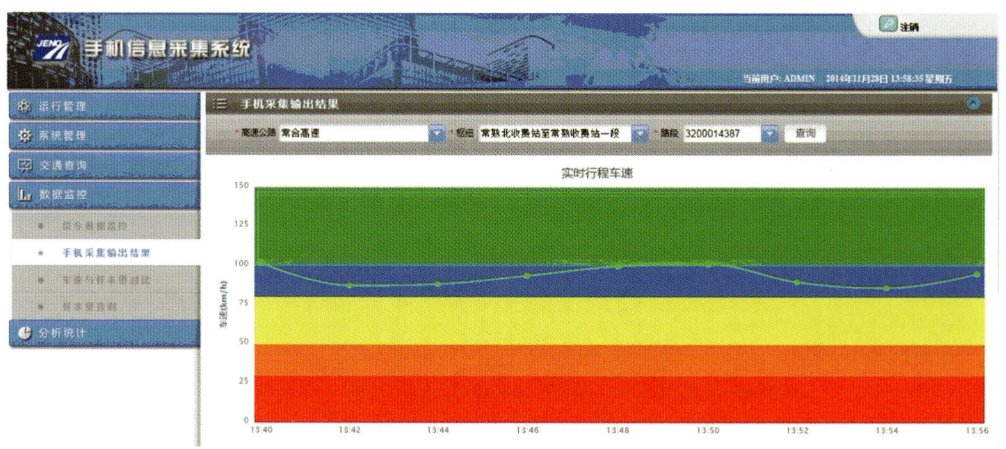

图 3-8　手机信息采集系统——数据监控界面展示 2

3.3.2　云计算数据中心

云计算数据中心主要包括交互共享处理、数据仓库、云平台。

交互共享处理平台主要实现数据的清洗转换，基于各类交通模型提供数据融合、交通状态估计预测、交通状态指数分析服务，提供数据归档、数据接口，并实现与外部系统、路桥公司路段数据中心、路网指挥调度和公众服务平台的数据交互与共享等。

数据仓库主要完成数据存储、管理功能。云计算数据中心的数据库可分为多源采集数据库、GIS 服务数据库、融合数据库、专题数据库、历史数据库、反馈数据库六大类。

云平台的设计主要通过云计算技术，整合计算存储和网络等资源，实现资源的按需分配，为数据中心业务处理提供支撑。

目前，国内外尚无针对智能交通大数据的研究，本数据中心在网络通信符合国家运输 ITS 通信协议(兼容 NTCIP 协议)以及 LDM3 体系框架基础上，提出大数据中心 ITS 模型，开创了国内交通大数据研究应用的先河。

3.3.2.1　数据仓库

云计算数据中心的数据存储在多源采集数据库、GIS 服务数据库、融合数据库、专题数据库、历史数据库、反馈数据库六个数据库中，并通过高速公路交通数据字典规定了数据的标准化格式。各类数据库的具体功能如下：

(1)多源采集数据库用于存储单一信息采集系统上传的交通信息数据，如基于手机的交通运行状态数据、基于卫星定位的交通运行状态数据，以及气象信息、交调信息等。该类数据已在各单一采集系统中得到了处理，对于实时性要求比较高。

(2)GIS 服务数据库用于存储高速公路网的基础地理信息，如路段(桥梁、隧道)基本信息，收费站、服务区等节点信息，路侧监测和发布设施信息等与 GIS 地图展示相关的数据。该类数据用于支持云计算数据中心的处理分析以及系统展示等。

(3)融合数据库用于存储经过数据平台融合处理后的数据。该数据库中的数据为基于单一数据源融合处理后的数据。融合数据库的数据主要用于支撑综合数据处理中心的处理分析，以及其他外部系统的信息共享。

(4)专题数据库用于存储经融合、估计、预测、挖据后的数据，这些数据按照交通状态数据、交通事故数据等进行归档、分类。应用平台子系统可通过接口服务从该数据库中提取所需的数据，用于决策分析、展示应用等。

(5)历史数据库用于存储各类历史数据。该类数据用于支持对历史数据的统计分析以及预测等。

(6)反馈数据库则是用来存储各路桥公司路段数据中心、养护系统、交警道路交通信息系统、公安局干线公路信息系统、外省高速公路相关系统、江苏交通控股有限公司的信息中心以及路网应用平台反馈传送至云计算数据中心的数据。

总体来讲，多源采集数据库和反馈数据库对于实时性具有较高的要求；GIS 服务数据库和历史数据库主要存储各类基础数据，包括过去的实时数据和交通统计数据，用于支撑后续数据处理挖掘分析；融合数据库和专题数据库，存储各类经过交通数学模型及相关系统模块处理的专题性数据，并面向外部各类应用提供数据服务。

数据仓库的主要功能如下：

(1)数据库系统安装和配置

对数据库系统进行物理主机的安装，磁盘阵列存储划分，数据库中间件安装调试，数据库安装和调试，参数调整和优化等工作。

(2)业务库构建

根据数据库设计，构建物理的业务库。具体包括多源采集数据库，融合数据库，反馈数据库，专题数据库，GIS 基础数据库和历史分析数据库等。

(3)历史数据迁移与导入功能

对于已有的历史数据提供数据导入功能，具体如表 3-3 所示。历史数据导入功能主要是将数据中心现有的历史数据导入数据仓库，按照数据的类别及要求进行存储。历史数据迁移功能主要是将数据仓库存储的经过分析后的历史数据导出，并且可以提供给其他应用系统使用。

历史数据导入与导出功能 表 3-3

功能名	功能描述
数据迁移方案制定	对导入导出数据方案进行制定，实现如下功能： (1)明确计划停机次数； (2)规定数据迁移速度； (3)列明数据迁移所需消耗的资源； (4)描述实施难易程度； (5)结合实际，提出数据迁移注意事项

续上表

功 能 名	功 能 描 述
历史数据梳理	将历史数据按数据不同类型进行分类梳理，实现如下功能： (1)各类数据按照不同属性及应用需求予以区分归类； (2)历史数据整理依据数据规范执行
数据正确性验证测试方案编写	制定测试方案，对数据的正确性进行验证，实现如下功能： (1)测试方案具备可实施性、可操作性； (2)测试方案考虑数据小数位、格式、内容方面正确无误
历史数据迁出	导出需要的或全部历史数据， (1)历史数据导出到历史数据库； (2)实现数据备份和恢复； (3)数据导出对实体的影响降到最低
历史数据编码及格式转换	将历史统一处理，再存储， (1)满足数据编码要求； (2)实现格式转换
历史数据的导入	导入以往的数据， (1)历史数据的导入； (2)历史导入数据备份
数据正确性验证及补全	将历史数据进行验证修改， (1)依据测试方案执行数据验证； (2)数据正确性达 99% 以上； (3)数据补全

(4)数据管理

根据数据的不同特点及应用要求，通过层次结构管理用户权限确保数据的安全性，通过数据结构的优化以及索引分区的优化实现数据的高效存储及备份管理。数据管理要求可达到：

①海量数据处理和高性能要求：强大的处理能力，支持海量数据库存储。

②可靠性和高可用性：支持在线备份恢复以及多级备份。

③可扩展性：支持单 CPU 到多 CPU 以及多机集群系统扩展。

④安全性：保障平台数据访问安全及使用安全。

(5)数据分析

数据仓库不仅具有数据存储功能，还具有数据分析功能，具体功能如表 3-4 所示。

数据分析功能 表 3-4

功 能 名	功 能 描 述
数据提取模块	可根据一定条件对一种数据进行排列组合，对多种数据进行关联操作，实现数据提取和数据校验
数据评价模块	基于评价算法，对数据进行统计及评价
数据报告模块	根据数据报告的发送机制，进行报告数据的发送前检测，实现文本、图表、XML 等数据报告的发送

(6)数据仓库备份与恢复

数据仓库应当具有数据的备份与恢复功能。数据备份功能是根据安全、可靠、高效的备份策略，可对数据仓库进行完整备份、差量备份、增值备份等。数据恢复功能是数据仓库一旦出现系统异常或错误操作导致数据丢失或不可用的情况，能在最短的时间内将数据仓库恢复到正常工作状态。

(7)安全管理

数据仓库能够安全、稳定、可靠、高效运行的前提是具备高效的安全管理功能。安全管理功能是为用户提供一个可以对数据仓库进行安全操作和高效管理的接口。具体功能如表3-5所示。

安全管理功能　表3-5

功能名	功能描述
事件录入和查询模块	对数据库历史事件、异常事件等信息实现调查功能，用于数据报错的问题查纠以及数据安全管理机制的改进和升级，降低数据存储管理的错误率，提高数据管理存储效率，提高安全管理能力，实现可追溯性和可查询性
安全响应模块	对异常事件作出及时响应措施，要求实现如下功能： (1)异常事件报警流程制定； (2)安全响应支撑机制； (3)安全响应方式，包括报警、查错、解决

(8)数据存储

对来自数据中心以外的各信息采集系统、外部系统、路桥公司数据中心的各类数据(如交互道路流量数据、气象信息数据、地理信息数据、道路基本信息数据等)，进行分类存储和备份，并按照数据大小、存储要求予以区分实时数据、历史数据以及基础数据。

(9)系统整体测试及调优

系统整体测试及调优是较为精准地定位问题，并借助于相应的工具包分析系统性能瓶颈，再根据其性能指标以及所处层级确定优化的方式方法。该模块包括：系统整体性能测试、系统整体稳定性测试、系统整体压力测试、系统整体容灾性测试、系统整体健壮性测试等五项功能。系统整体测试及调优功能具体如表3-6所示。

系统整体测试及调优功能　表3-6

功能名	功能描述
系统整体性能测试	性能测试是通过自动化的测试工具模拟多种正常、峰值以及异常负载条件来对系统的各项性能指标进行测试。系统整体性能测试包括： (1)测试CPU性能； (2)测试磁盘性能； (3)测试内存性能
系统整体稳定性测试	在连续不间断长时间运行，在数据库服务器和应用服务器存在一定的压力下，测试产品的稳定性，以及应用服务器和数据库服务器的运行情况。系统整体稳定性测试包括： (1)长时间运行及各种操作下，软件的稳定性以及各种性能指标的劣化趋势性能； (2)多进程或多线程运行时的稳定性； (3)不同操作系统，在不同宿主软件下运行的稳定性
系统整体压力测试	压力测试是对系统不断施加压力的测试，是通过确定一个系统的瓶颈或者不能接收的性能点，来获得系统能提供的最大服务级别的测试。系统整体压力测试包括： (1)如果平均中断数量是每秒一到两次，那么设计特殊的测试用例产生每秒十次中断； (2)输入数据量增加一个量级，确定输入功能将如何响应； (3)在虚拟操作系统下，产生需要最大内存量或其他资源的测试用例，或产生需要过量磁盘存储的数据

续上表

功能名	功能描述
系统整体容灾性测试	计算机系统在遭受如火灾、水灾、地震、战争等不可抗拒的自然灾难以及计算机犯罪、计算机病毒、掉电、网络/通信失败、硬件/软件错误和人为操作错误等人为灾难时，容灾系统将保证用户数据的安全性(数据容灾)，甚至一个更加完善的容灾系统，还能提供不间断的应用服务(应用容灾)。系统整体容灾性测试包括： (1)数据容灾测试； (2)应用容灾测试等
系统整体健壮性测试	又称为容错性测试，用于测试系统在出现故障时，是否能够自动恢复或者忽略故障继续运行。系统整体健壮性测试包括： (1)通过测试； (2)灾难性失效——这是系统健壮性测试中最严重的失效，就是通常所说的“死机”的测试； (3)重启失效——一个系统函数的调用没有返回，使得调用它的程序挂起或停止测试； (4)夭折失效——程序运行时由于异常输入，系统发出错误代码使程序中止的测试； (5)沉寂失效——异常输入时，系统应当发出错误代码，但是测试结果却没有发生异常的测试； (6)干扰失效——指系统异常时返回了错误代码，但是该错误代码却不是期望中的错误代码的测试

3.3.2.2 交互共享处理

1)数据交互系统

数据交互系统是交互共享处理平台实现数据汇聚和交互的子系统，是云计算数据中心与采集系统、路段数据中心、外部系统及应用平台间数据接入的中介。该系统依据完备的数据交互机制支撑平台实现与外界数据稳定可靠的接入。数据交互系统应高效、稳定、安全，以实现数据中心支撑各系统及部门间横向发挥其信息共享的关键性作用。

2)数据共享系统

数据共享系统是交互共享处理平台实现数据对外提供的子系统。该系统遵循高速公路ITS通信协议(兼容NTCIP)，通过用户鉴权、访问控制、安全审计、接口提供等模块，向内、外部应用系统提供数据接口以及应用接口，实现数据库汇聚的各类专题数据的对外提供。

所共享数据不仅包括数据仓库中存储的各类专题数据及其他需要的基础数据，还包括经过数据融合系统、交通状态实时预测系统、交通状态指数分析系统处理后的融合数据、交通状态数据以及交通状态指数等数据。而共享对象则包括外部系统、路桥公司数据中心以及应用平台终端。

3)数据融合系统

数据融合系统是交互共享处理平台对多源异构数据进行融合处理的子系统。具体来说，是在分析广域多源异构数据特性的基础上，基于不同数据采集方式的交通模型和多源数据融合模型，分别通过地图匹配、样本过滤、参数校正等模块处理分析，从而获得精确度和时空覆盖率更高、使用价值更大的数据融合数据结果。

数据融合是一种多源数据的协调处理技术，其基本原理是按照某种准则对不同来源数据进行合理分配、组合，以得到对被观测对象的更合理或者更准确的认识。多源交通数据融合结果会基于GIS编码形成统一的交通状态数据，为其他处理分析系统及平台应用提供数据支持。

4)交通状态实时预测系统

交通状态实时预测系统即高速公路路网态势实时评估与预测系统，是交互共享处理平台利用实时和历史数据，结合交通状态估计和交通预测模型对交通状态进行估计预测的子系统。该系统的交通状态估计主要是交通流理论的应用，实现对当前交通状态的估计，将观测值与交通流理论结合并应用到系统中，对当前时间段交通状态进行估计；利用状态预测模型，将迁移时刻的估计值与交通流理论结合并应用到系统中，对短期或中期的将来交通状态进行预测。

交通状态实时预测系统依托云计算数据中心实时与历史的交通运行数据，构建高速公路交通状态估计模型，实现全省高速公路网实时交通状态的估计，包括平均车速、交通流量等；在实时状态估计值基础上，构建高速公路交通状态预测模型，对短期或中期的将来的路网交通状态进行预测。

5）交通状态指数分析系统

交通状态指数分析系统是交互共享处理平台利用云计算数据中心的实时和历史数据，处理和评估交通状态指数模型体系所需的各种基础数据，可构建相关处理评估模型并实现路网交通状态指数预测的子系统。该系统利用交通状态数据和模型，对路网的交通状态指数进行评估预测。

交通状态指数分析系统依托云计算数据中心的实时与历史交通数据，在构建交通状态指数模型体系的基础上分析和处理各种基础数据和指数预测模型，获得江苏省高速公路网络交通状态预测指数。

3.3.2.3 云平台

1）云平台构成

云平台是面向整个数据中心而建，可为各个数据系统提供系统备份、新业务开发和测试使用的可扩展平台。云平台利用云计算技术，提供资源的整合及按需分配，实现快速业务部署和无缝升级、节约整个运营成本、提升用户体验、提高开发效率。

云计算数据中心的云平台主要由以下几部分组成：

（1）云计算数据中心备用系统

①数据交互系统备用系统：为数据交互系统提供备用。

②数据共享系统备用系统：为数据共享系统提供备用。

③数据融合系统备用系统：为数据融合系统提供备用。

④交通状态实时预测系统备用系统：为交通状态实时预测系统提供备用。

⑤交通状态指数分析系统备用系统：为交通状态指数分析系统提供备用。

（2）云计算数据中心测试平台

①数据交互系统测试系统：为数据交互系统提供测试环境。

②数据共享系统测试系统：为数据共享系统提供测试环境。

③数据融合系统测试系统：为数据融合系统提供测试环境。

④交通状态实时预测系统测试系统：为交通状态实时预测系统提测试环境。

⑤交通状态指数分析系统测试系统：为交通状态指数分析系统提供测试环境。

（3）其他维护、调试。

2）云平台功能

云平台的功能包括系统备用功能和系统测试功能，如表3-7、表3-8所示。

系统备用功能列表 表3-7

功能名	功能描述
数据交互系统备用系统	要求实现如下功能： （1）实现交互系统备用； （2）实现故障切换

续上表

功 能 名	功 能 描 述
数据共享系统备用系统	要求实现如下功能: (1)实现数据共享系统备份; (2)实现故障切换
数据融合系统备用系统	要求实现如下功能: (1)实现数据融合系统备用; (2)实故障切换
交通状态实时预测系统备用系统	要求实现如下功能: (1)实现交通状态实时预测系统备用; (2)实现故障切换
交通状态指数分析系统备用系统	要求实现如下功能: (1)实现交通状态指数分析系统备用; (2)实现故障切换

系统测试功能列表 表3-8

功 能 名	功 能 描 述
数据交互系统测试	要求实现如下功能: (1)实现交互系统软件测试; (2)运行环境模拟
数据共享系统测试	要求实现如下功能: (1)实现共享系统软件测试; (2)运行环境模拟
数据融合系统测试	要求实现如下功能: (1)实现数据融合系统软件测试; (2)运行环境模拟
交通状态实时预测系统测试	要求实现如下功能: (1)实现交通状态实时预测系统测试; (2)运行环境模拟
交通状态指数分析系统测试	要求实现如下功能: (1)实现交通状态指数分析系统测试; (2)运行环境模拟

3.3.2.4 系统展示

以下分别展示每个子系统的功能界面(图3-9～图3-28)。

图 3-9 数据中心界面展示

1)数据共享系统应用展示

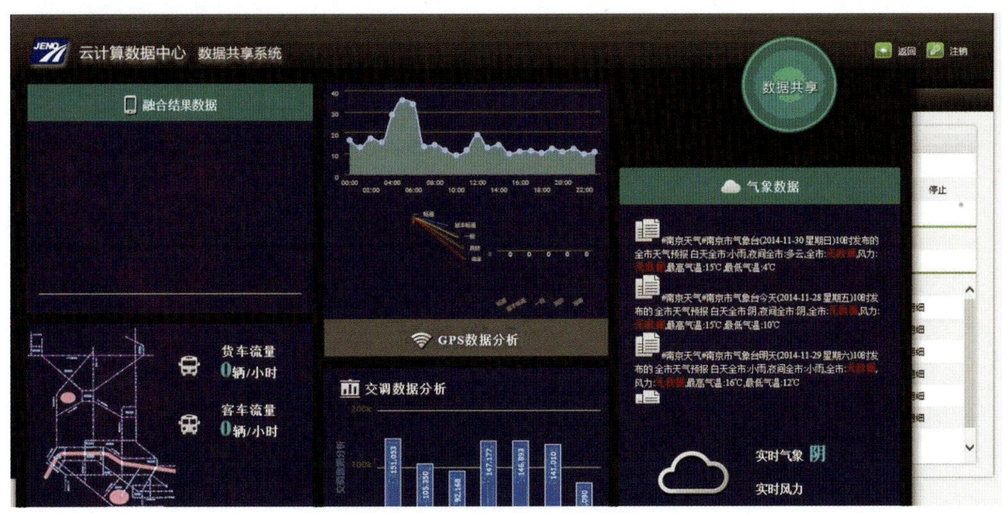

图 3-10 数据共享系统界面展示

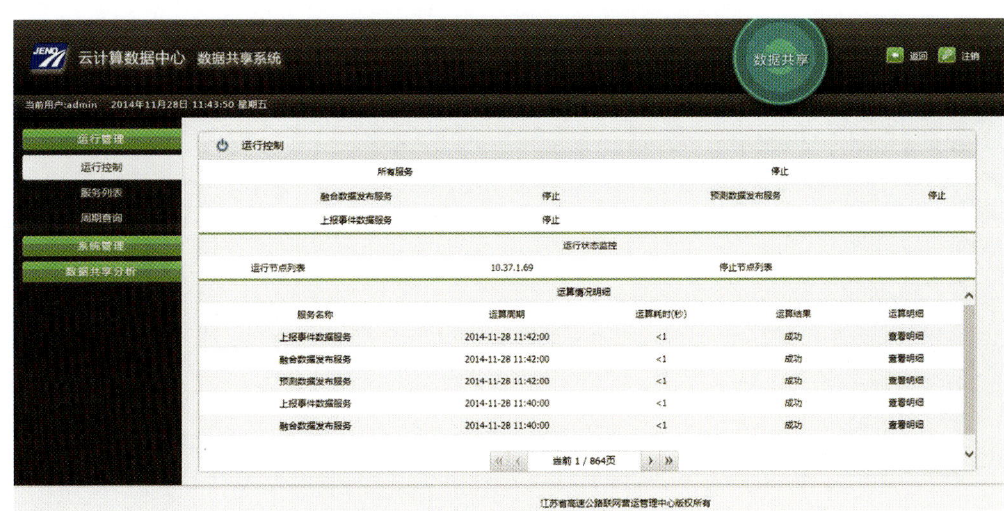

图 3-11 数据共享系统管理界面展示

2）交通状态指数分析系统应用展示

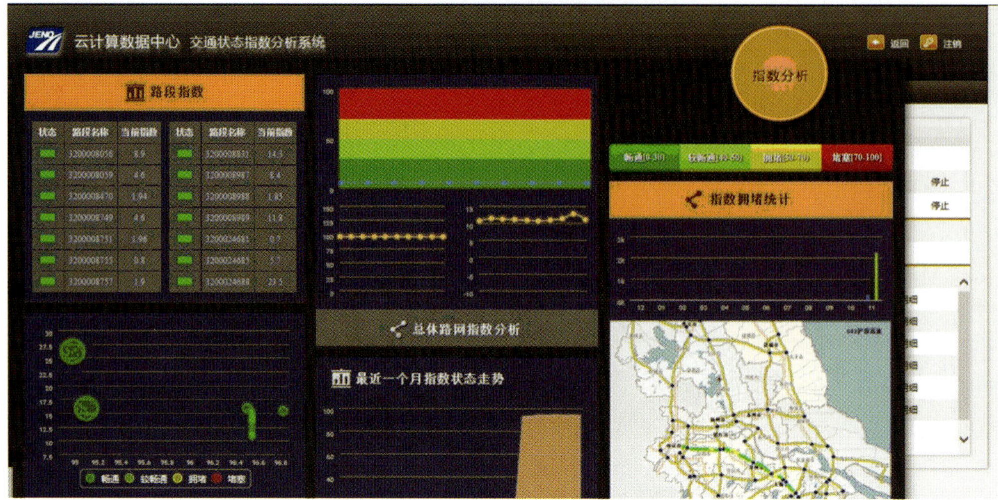

图 3-12　交通状态指数分析系统界面展示

图 3-13　交通状态指数分析系统管理界面展示

图 3-14　交通状态指数分析系统应用展示图 1

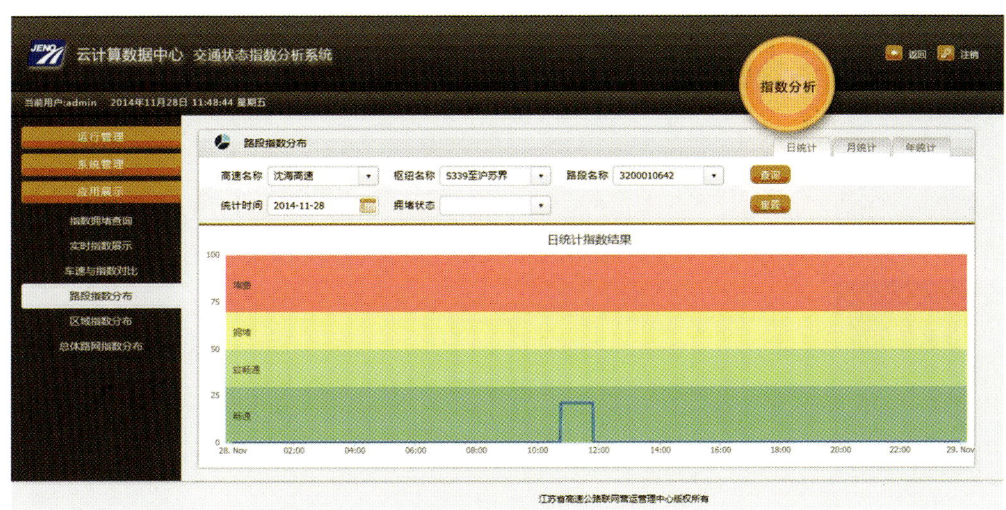

图 3-15 交通状态指数分析系统应用展示图 2

3) 交通状态实时预测系统应用展示

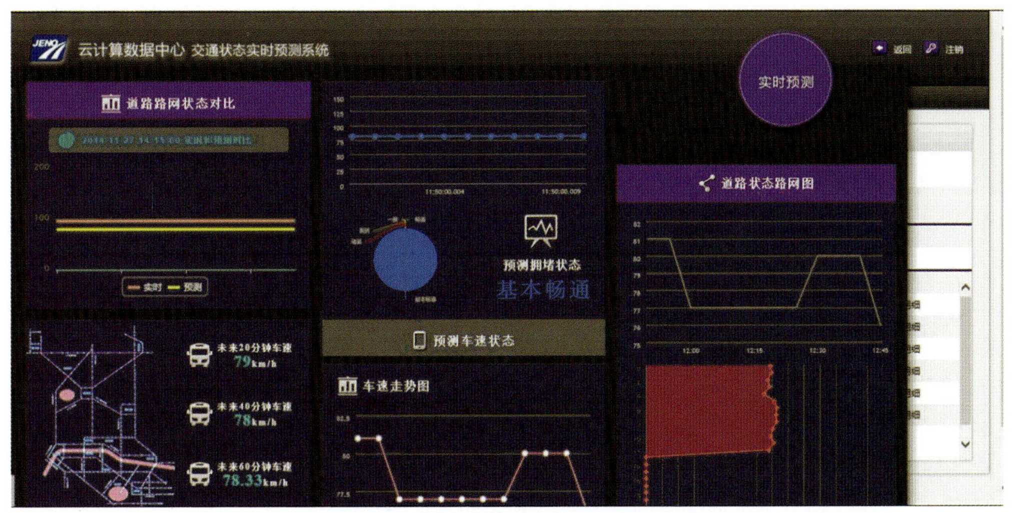

图 3-16 交通状态实时预测系统界面展示

图 3-17 交通状态实时预测系统管理界面展示

图 3-18　交通状态实时预测系统应用展示

4）数据仓库系统应用展示

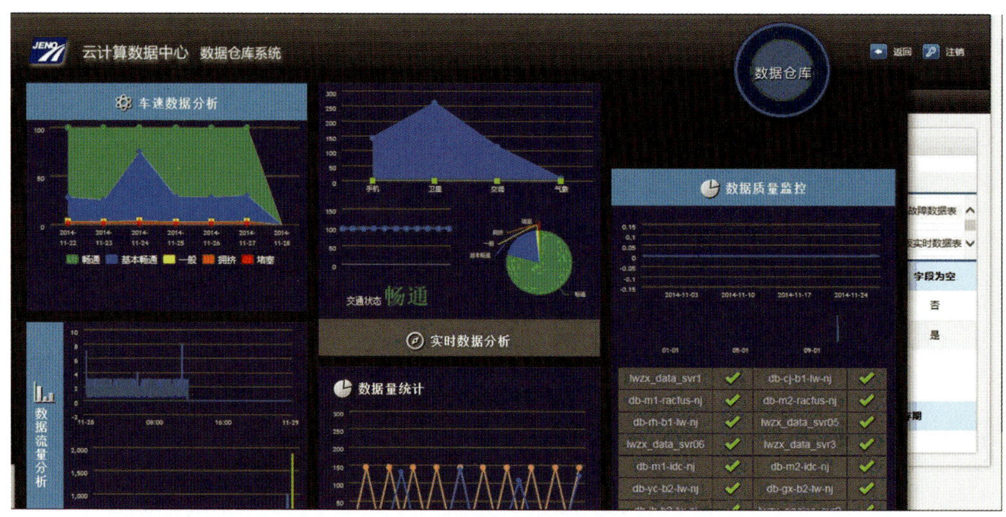

图 3-19　数据仓库界面展示

图 3-20　数据仓库——数据字典界面展示

图 3-21 数据仓库——子数据库界面展示

5）数据融合系统应用展示

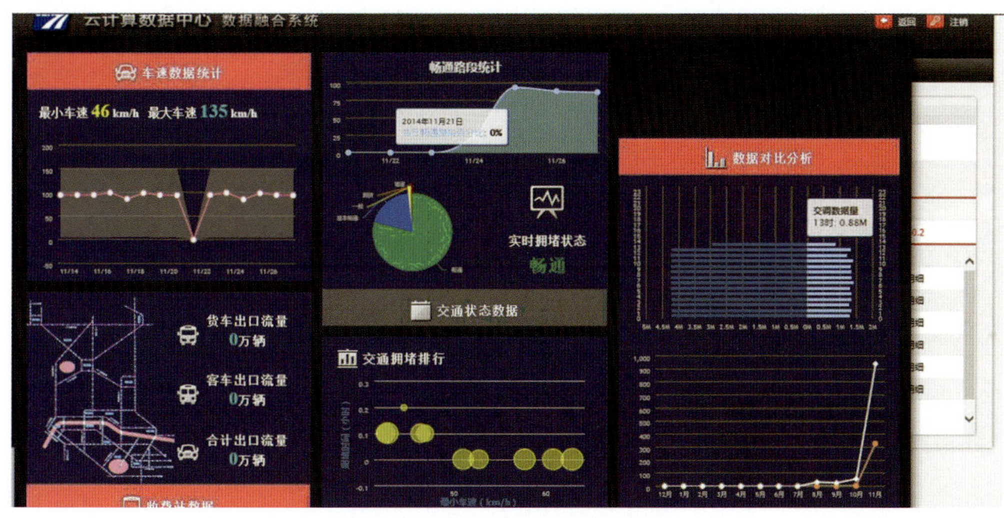

图 3-22 数据融合系统界面展示

图 3-23 数据融合系统管理界面展示

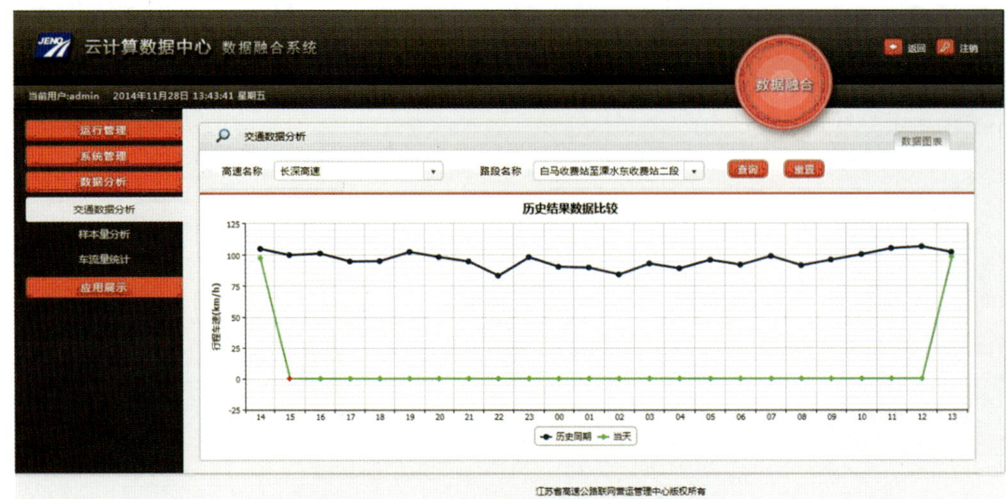

图 3-24　数据融合系统——数据分析图展示

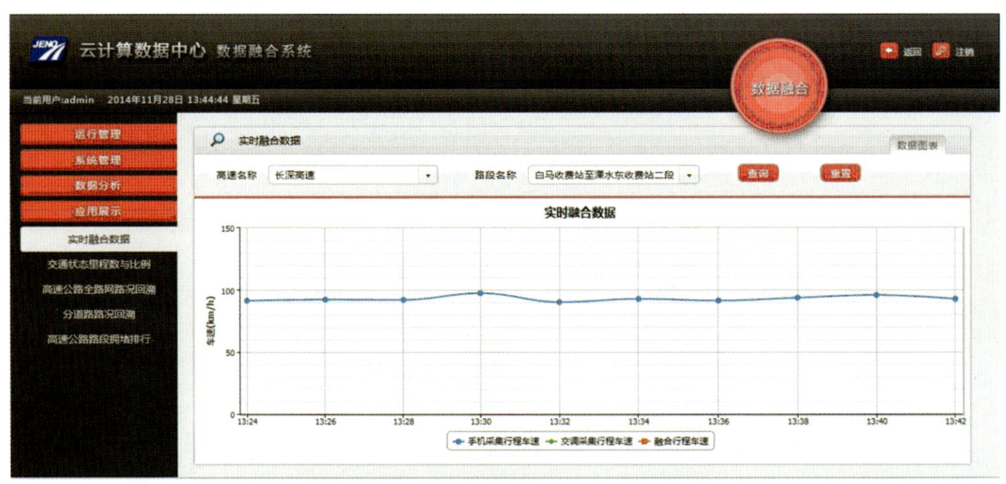

图 3-25　数据融合系统应用展示图

6）数据交互系统应用展示

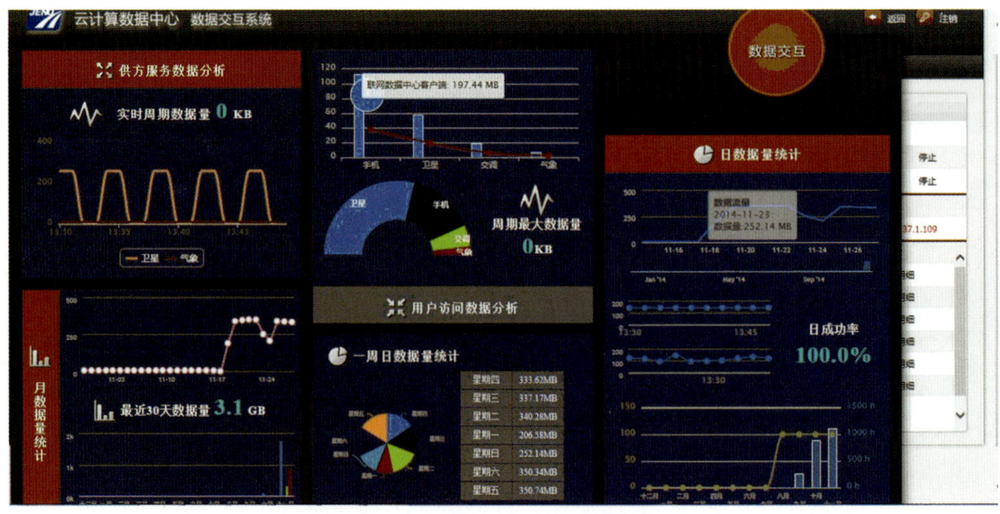

图 3-26　数据交互系统界面展示

图 3-27 数据交互系统管理界面展示

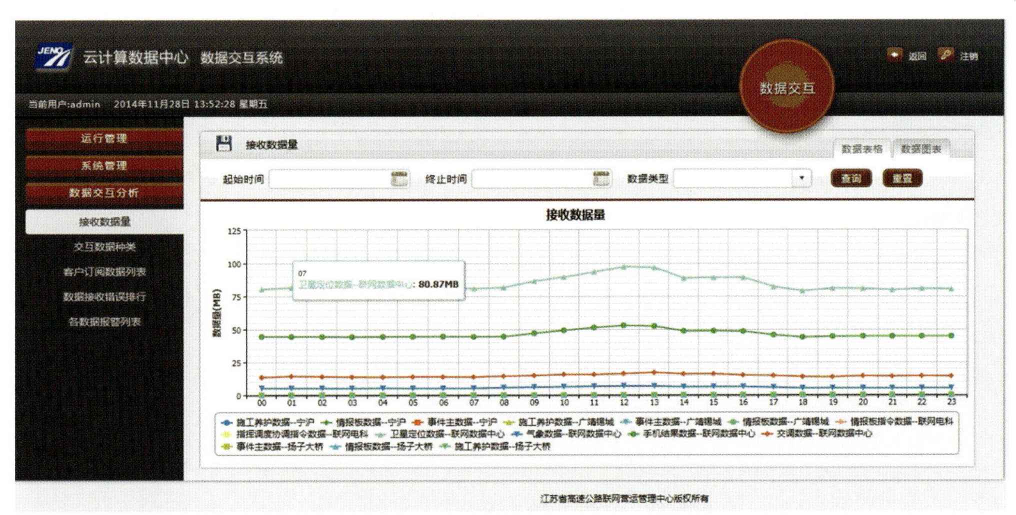

图 3-28 数据交互系统分析展示图

3.3.3 指挥调度平台

3.3.3.1 监控调度与应急指挥系统

监控调度与应急指挥系统是全省指挥调度中心的核心业务系统，用以高效支撑高速公路监测、预警、响应、处置过程，提供一套完整应急处理周期的支持服务。系统实现微观路段应急指挥的功能，同时在宏观路网层面支持全省高速公路的整体交通势态分析、交通疏导、交通应急和交通协调。

通过监控调度与应急指挥系统，进行全省联网高速公路日常视频监控，可实现各路段视频实时切换和查看；当路段公司有调看其他路段视频以满足其业务需求时，确认后可向其提供其他路段视频服务。特殊情况下，联网中心指挥调度中心与路段监控中心可实现对高速公路突发事件、天气灾害等情况进行应急指挥调度，在指挥调度过程中通过网络语音通信平台、值班电话系统等实现对现场情况的实时掌握。根据现场情况，制定应急处置方案，下达应急指令，开展应急救助及路网指挥调度。

1) 路网监控功能模块

(1) 路段监控视频接入

通过视频服务器，接入全省联网高速公路各路段监控视频，提供视频监控服务，满足指挥调度业务对视频接入查看的需求。

(2)路网视频切换和查看

根据联网中心监控调度与应急指挥业务需求，提供实时视频切换服务，调用查看目标路段视频，及时掌握目标路段现场情况。

(3)路段视频调看服务

当路段监控中心指挥调度业务对邻近或相交路段监控视频有调看需求并提出申请后，经系统确认，为该路段监控中心提供视频调看服务。

2)应急响应功能模块

(1)事件报警

由应急指挥的业务模型分析可知，事件接警主要通过外部事件上报与交通异常事件管理系统接入。利用数据库的数据，结合事件管理系统，人工上报数据，提供中短周期内的公路网运行态势及影响预测，对路网中可能发生的安全隐患进行预测、分析、预警。尤其是对于动态高危区域(Dynamic Black Area，DBA)的识别，动态高危区域重点在于动态，它不似一般的始终固定存在的危险区域，而是随着环境变化、事件发生、事件蔓延而产生的或潜在的具有安全风险的区域，其发生位置有一定规律，但往往不固定。

(2)事件响应

联网中心指挥调度中心接警之后，通过流程化步骤与网络语音通信技术联系相关路段监控中心，及时进行应急事件确认。

3)应急处置功能模块

(1)建立应急预案库

根据监控调度与应急指挥系统业务需求，建立应急预案库：第一，预案类别要包括交通管制、气象预警等所有情况。第二，每个预案包括事件等级、应急资源调配、情报板发布内容及发布持续时间等完整信息。第三，预案标准化，主要包括发布预案模型标准化、流程标准化以及权限标准化，预案模型标准化是指不同的情报发布应急指挥业务需求对应着特定的发布预案模型；流程标准化是指监控调度与应急指挥处置流程发布需求、发布确认等顺序和对应部门及系统要遵循标准。权限标准化是指明确各级高速公路管理单位职责权限，根据标准化权限划分，执行相应应急指挥处置。

(2)事件等级分类

利用交通事件信息以及势态信息，按照高速公路事件分级标准，建立事件影响评估模型，对事件进行定级分类，并按照事件级别启动相应应急处置流程。

(3)全面管理应急资源

实现对应急管理相关单位、应急队伍、物资设备、通信保障等资源的统筹与调拨，对应急资源调度与使用的全过程监督。

(4)应急处置方案制定

根据事件发生地点、事件性质、事件规模、事件级别等信息从应急预案库中筛选合适的预案，并提供交通异常事件统计数据、实时视频、应急资源调度等信息，形成完备的应急处置方案。

(5)结合应急处置方案下发指令

根据应急处置方案与人工参与过程，实现同一操作界面下的可视化、可控协调与指挥指令的分发与操作。

(6)动态实时调度反馈

监控调度与应急指挥系统应具备远程调度、移动监控、实时语音、多方通话的功能，并建立外场人员与路段公司监控中心、路段公司监控中心与联网中心、指挥调度中心的反馈机制，以便实时地跟踪交通应急调度状态。

4)应急处置评价模块

该模块具备对事件处置过程进行评估功能，智能化实现应急过程再现、事件处置评估、统计分析、综合报告等过程。

3.3.3.2 GIS 综合展示系统

1)系统功能要求

GIS 综合展示系统是基于地理信息系统的路网级营运管理信息综合展示系统。实现高速公路交通信息、基础设施、气象信息等相关数据的实时展示、检索，并为路段以及省中心其他系统提供 GIS 展示方面的服务。系统功能要求如下：

(1)交通业务资源整合

利用系统数据接口，形成按 GIS 与业务应用规划整合的数据集。

(2)交通数据展示

获取云计算数据中心交通状态数据，显示交通状态指数、交通状态预测和交通流量数据。如：

①道路交通态势时空图：宏观展示道路交通状态的时空演变关系，结合事故记录、灾害天气等情况，分析其对道路交通的上下游和前后时间段的影响，为以后处理相关情况积累经验。

②速度流量分布图：宏观展示每天/月的速度流量分布，显示当前监测点的速度流量分布区域及分布特点，为分析该点的交通情况提供依据。

(3)多样式业务统计报表生成

通过定制统计规则与流程，完成交通营运业务数据、统计数据的关联，实现数据展示的多样化。

(4)多尺度数据显示

利用丰富互联网程序(Rich Internet Application，RIA)技术实现 GIS 平台多途径显示与互动，利用声音、文字、图像、视频等方式提供多样化的用户界面，对交通数据变化进行动画展示。

(5)GIS 服务

GIS 数据平台提供数据流出与数据流入的标准化接口，供调度业务系统进行数据交换，从而实现 GIS 服务。

(6)地图界面实时态势

地图界面包含统一路网底图、路况等级划分等，并参照美国七级色带划分方式；宏观把握路段及路段间，即路网的整体交通状况。

(7)先进的系统操作方式

系统提供 iPad、手势操作等科技手段来实现对大屏展示内容的操作。

(8)全方位的检索功能

提供基础数据、动态数据等营运管理相关数据的检索功能。

(9)图层数据处理要求

①采集并处理相关 GIS 数据

分析归纳出图层数据信息，采集并处理相关数据资源，包括基础地理数据采集与处理。

②GIS 图层显示标准化

所有数据、分析结论均通过一套标准化图层体系展现，图层元素以标准化符号显示，图层坐标支持 WGS84 经纬度和高速公路桩号两种表达方式。

2)系统功能目标

利用 GIS 电子地图分析、展示技术，结合交通营运与安全业务流程，将交通营运数据综合利用，通过智能分析算法抽取元数据并进行模型分解，以图像、文字、声音、视频等方式形象、直观地展示交通状况信息，同时提供协同管理接口，便于与其他业务系统和其他部门业务互动。GIS 综合展示系统功能目标如下：

(1)交通业务资源深度整合

在综合数据库的基础上，利用其他业务系统数据接口，聚合多源数据，形成全面数据集，按 GIS 与业务应用规划整合数据。

(2)交通数据分析适用化

建立紧急条件下高速公路交通运行监测、交通运行势态扩散模型，通过数据横、纵向对比，挖掘交通事件规律；交通数据模型以自学习反馈方法不断修正，不断逼近真实值。

(3)多样式业务统计报表分析与生成

建立交通营运业务离散数据、统计数据的分析与显示关联，通过定制统计规则与流程，实现一套元数据、多种图形显示。

(4)GIS 图层显示标准化

所有数据、分析结论均通过一套标准化图层体系展现，图层元素以标准化符号显示，图层坐标支持 WGS84 经纬度和高速公路桩号两种表达方式。

(5)多尺度数据显示

利用 RIA 技术实现 GIS 平台多途径显示与互动，利用声音、文字、图像、视频等方式提供内容密集、响应速度快和图形丰富的用户界面，提供动画对交通数据变化作出响应。

(6)运营业务协同

GIS 数据平台提供数据流出与数据流入的标准化接口，供调度业务系统进行数据交换，从而实现综合平台的展示与协同作用。

3)系统功能设计

GIS 综合展示系统按展示内容层次，划分为四类展示功能，功能结构如图 3-29、图 3-30 所示。

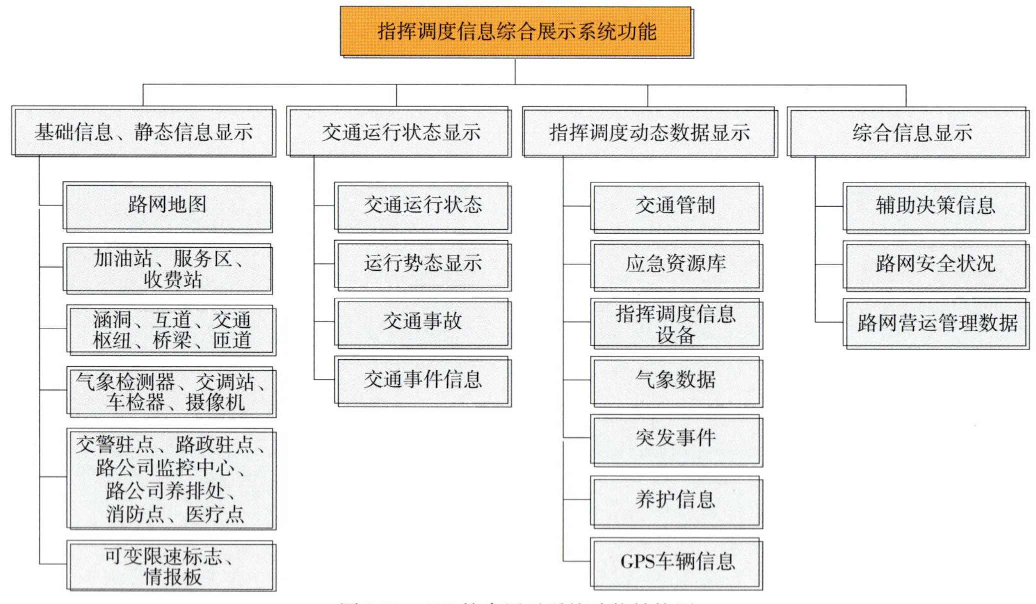

图 3-29　GIS 综合展示系统功能结构图

GIS 综合展示系统功能开发原则如下：

①以一套标准化数据和图层、显示界面、同一套标准显示驱动接口确定 GIS 显示标准。

②在显示标准化的基础上，通过业务信息共享，将指挥调度中多业务、多信息、多接口相统一，实现 GIS 空间数据与业务关系数据的关联与共享。

③GIS 显示通过业务驱动作为显示触发，在数据源层面实现 GIS 系统显示与业务管理的协同，实现 GIS 综合展示系统多角度、全方位展现业务状况。

GIS 综合展示系统功能开发原则如下：

①以一套标准化数据和图层显示界面、同一套标准显示驱动接口确定 GIS 显示标准。

②在显示标准化的基础上，通过业务信息共享，将指挥调度中多业务、多信息、多接口相统一，实现 GIS 空间数据与业务关系数据的关联与共享。

③GIS 显示通过业务驱动作为显示触发，在数据源层面实现 GIS 系统显示与业务管理的协同，实现 GIS 综合展示系统多角度、全方位展现业务状况。

④以人机交互的形式提供定制化、个性化的数据显示功能，在 GIS 系统后台通过数据分析，获取所需的交通运营与安全数据，以直观的形式展现；以数据、业务、模型为基础，实现服务型 GIS 显示，达到多源数据综合显示、业务数据分析统计显示、辅助分析结果智能显示的目的。

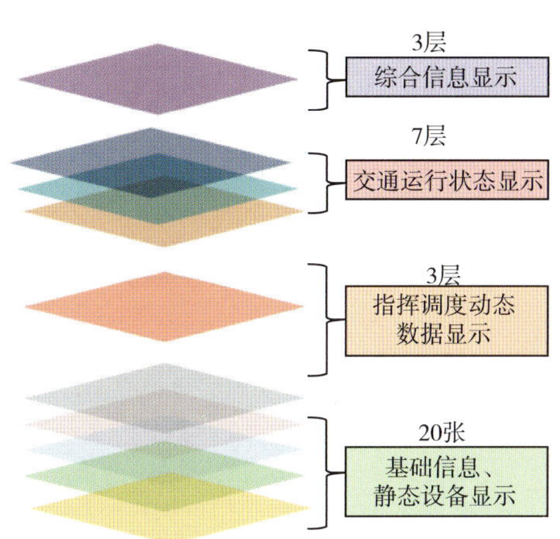

图 3-30　GIS 综合展示系统图层分布

（1）基础信息、静态信息显示（表 3-9）

基础信息、静态信息显示说明　　表 3-9

图层显示类	信息显示列表	显示功能说明
路网基础地理信息	路网底图	基础底图信息，由空间数据库提供数据显示
路网结构信息	加油站、服务区、收费站、涵洞、互道、交通枢纽、桥梁、匝道	本显示类一共分为 8 个图层，每个图层显示一种结构信息。以 POI 方式显示各个信息，当比例尺放大或缩小时，POI 图标尺寸跟随变化。当鼠标点击该 POI 点时，弹出该 POI 对象的链接属性信息。有效链接率大于 99%。路网结构信息图层的信息随实际路网信息的变更而更新。不同图层支持叠加显示
路网信息采集设备	气象监测器、交调站、车检器、摄像机	本显示类一共分为 4 个图层，每个图层显示一种采集设备。以 POI 方式显示各个点信息，当比例尺放大或缩小时，POI 图标尺寸跟随变化。当鼠标点击该 POI 点时，弹出该 POI 对象的链接属性与数据信息。有效链接率大于 99%，数据准确度大于 95%，信息采集设备数据的更新周期小于 10min。不同图层支持叠加显示
路网运行辅助设施	可变限速标志、情报板	本显示类一共分为 2 个图层，每个图层显示一种采集设备。以 POI 方式显示各个点信息，当比例尺放大或缩小时，POI 图标尺寸跟随变化。当鼠标点击该 POI 点时，弹出该 POI 对象的链接属性与数据信息。有效链接率大于 99%，数据准确度大于 95%。不同图层支持叠加显示
路网应急资源静态信息	交警驻点、路政驻点、路公司监控中心、路公司养排处、消防点、医疗点	本显示类一共分为 6 个图层，每个图层显示一种采集设备。以 POI 方式显示各个点信息，当比例尺放大或缩小时，POI 图标尺寸跟随变化。当鼠标点击该 POI 点时，弹出该 POI 对象的链接属性与数据信息。有效链接率大于 99%，数据准确度大于 95%。不同图层支持叠加显示

图3-31是信息采集设备类显示的图例。图层可显示设备的地理属性、状态信息、数据信息、运行工况信息，并以不同的颜色区别工作状况的正常与异常情况。

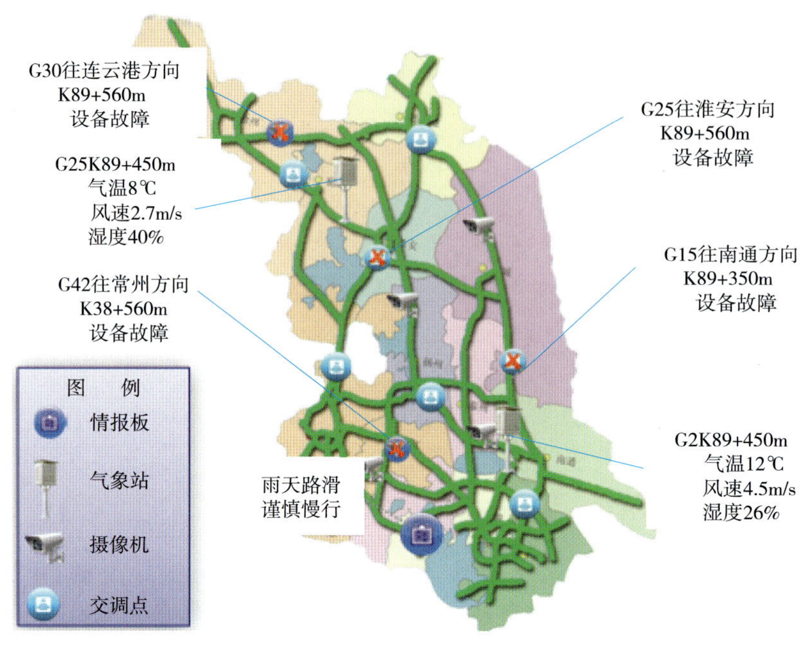

图3-31　路网信息采集设备显示例图

(2)交通运行状态显示

交通运行状态显示说明，如表3-10所示。

交通运行状态显示说明　　表3-10

信息显示列表	显示功能说明
交通运行状态	以路网拥挤度与路段平均车流量指标衡量路网运行状态。在GIS地图上能直观地查看不同的运行状态(以不同的颜色表示)。点击对应的POI点或相关路段Link时，弹出文字显示路网拥挤度与路段平均车流量的值
运行势态显示	路网运行势态分为5min、10min、15min势态。以路网拥挤度与路段平均车流量指标衡量路网势态。在GIS地图上能直观地查看不同的势态(以不同的颜色表示)、对比当前交通状态得到交通势态的渐变趋势，点击对应的POI点或相关路段Link时，弹出文字显示路网拥挤度与路段平均车流量的值
交通事故	在GIS地图上能直观地查看路网交通事故及各路段上报的交通事故信息。点击交通事故对应的POI点或相关路段Link时，选择性地弹出文字、图片、显示交通事故的信息。当有重大交通事故信息时，系统弹出路公司上报的现场情况视频，并发出报警声音
交通事件	在GIS地图上能直观地查看路网交通事件及各路段上报的交通事件信息。点击交通事件对应的POI点或相关路段Link时，选择性地弹出文字、图片、显示交通事件的信息

交通运行状态、势态信息显示颜色以交通运输部《公路网运行监测与服务暂行技术要求》为标准，如表3-11所示。

高速公路路段拥挤度等级划分标准　　表 3-11

拥挤度		设计速度(km/h)		
		120	100	80
		速度(km/h)	速度(km/h)	速度(km/h)
畅通	绿色	≥100	≥90	≥70
基本畅通	蓝色	[80，100)	[70，90)	[60，70)
一般	黄色	[50，80)	[50，70)	[40，60)
拥挤	橙色	[30，50)	[30，50)	[20，40)
堵塞	红色	[0，30)	[0，30)	[0，20)

交通事件信息显示颜色以交通运输部《公路网运行监测与服务暂行技术要求》为标准，如表 3-12 所示。

公路交通突发事件等级划分标准　　表 3-12

交通事件等级	级 别 描 述	颜 色 标 示
Ⅰ级	特别严重	红色
Ⅱ级	严重	橙色
Ⅲ级	较重	黄色
Ⅳ级	一般	蓝色

图 3-32 是交通运行状态显示的图例。按标准以不同的颜色显示交通运行状态的通畅程度。

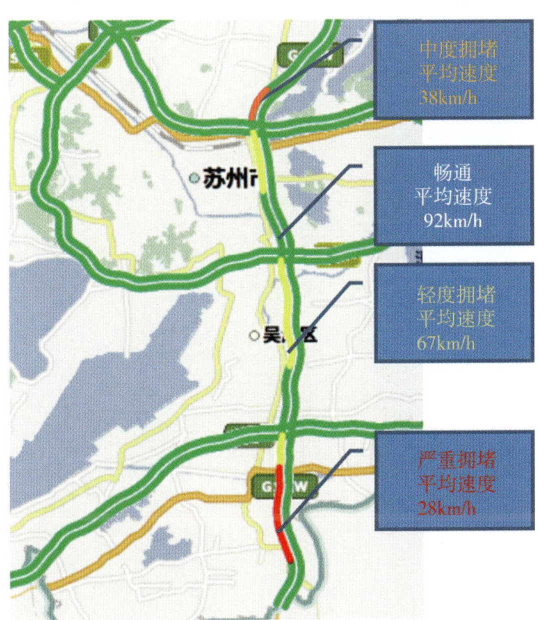

图 3-32　交通运行状态的 GIS 显示图例

(3)指挥调度动态数据显示

指挥调度应急资源、响应状态、调度过程显示。根据公路应急事件的发展动态，结合历史经验，通过预案分析，评估公路应急事件对公路运行造成的影响，包括影响范围、影响程度并在 GIS 上进行动态标注。

显示的内容包括：交通管制、应急资源库、指挥调度信息设备、气象数据、突发事件动态、养护信息、GPS 车辆信息。图层的显示内容随着指挥调度的进展实时展现指挥调度的过程。

指挥调度动态显示支持鹰眼地图同步显示，通过鹰眼小地图快速切换路网大分辨率视图中。

图 3-33 是指挥调度动态显示的图例。按指挥调度的过程，将应急资源部署、应急处置状态信息时实地展示。当点击 POI 点或路道 Link 时会弹出该应急资源的属性信息及状态信息。

图 3-33　指挥调度业务过程的 GIS 显示图例

(4)综合信息显示

综合信息显示是在路网层面以南北网、路段、路公司划分不同的统计口径，显示其历史数据的决策支持信息。

图 3-34 是综合信息显示的图例。当点击路道 Link 或统计区域时，弹出该统计信息的数据值。

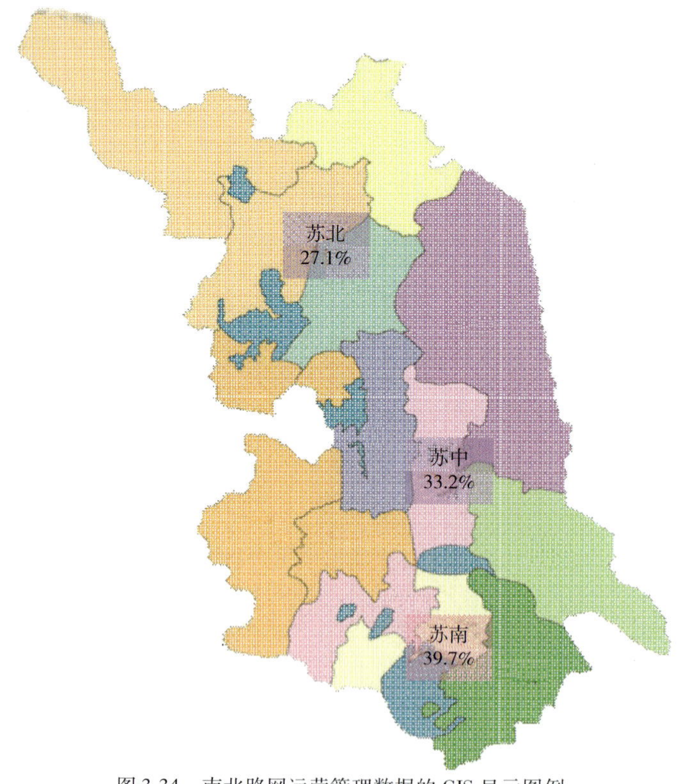

图 3-34　南北路网运营管理数据的 GIS 显示图例

3.3.3.3　交通事件管理系统

1)系统功能目标

交通事件管理系统作为路网级联网高速公路交通事件管理的业务系统，负责对路段事件检测系统、相关事件业务系统上报的事件，特别是跨路段事件，进行汇聚、记录、跟踪、反馈。

交通事件管理系统通过对历史数据和实时数据的记录，可以在GIS地图上形象直观地显示各类交通事件发生的频率、分布的地点、分布的时间，为调度指挥中心业务人员制定管制策略提供直观明了的数据支撑。

2)系统功能要求

交通事件管理系统作为事件感知、分析的一种手段，主动侦测应急指挥需求，极大地缩短应急调度指挥中事件确认时间，有效提高发现交通事件的实时性。系统综合交通运行情况、交通环境情况对交通事件进行评估、初步处理；在人工的干预下，与指挥调度系统协同联动，进行自动应急预案处置。

通过交通事件管理系统，省调度指挥中心可以在第一时间确认事件、第一时间处理事件，以此提高交通事件的处理效率。当事件确认以后，系统能综合交通运行情况、交通环境情况对交通事件进行评估、分析；在人工的干预下，能与监控调度与应急指挥系统进行业务协同，由监控调度与应急指挥系统对交通事件进行应急处置。

(1)事件接入功能模块

①路桥公司事件检测系统事件接入

部署于路桥公司的基于视频的事件检测系统检测到定义的六类交通事件后，将事件信息以及事件发生处的视频图像以固定的格式推送给联网中心调度指挥中心，工作人员的电脑界面会自动弹出提示对话框，并有声音提醒，点击即能读取事件信息和相应的视频图像，对事件进行确认。

②其他各种方式上报的交通事件接入

通过联网中心现有上报系统和其他方式上报的交通事件，通过构建算法转换成与①相同格式的事件信息，接入交通事件管理系统。工作人员的电脑界面会自动弹出提示对话框，并有声音提醒，点击即能读取事件信息，通过与视频监控系统的对接，调取相应视频图像查看，确认事件是否存在。

(2)事件分析功能模块

当交通事件得到确认后，在人工的辅助下对其进行研判。

①交通事件初步评价

构建交通事件多因素评价模型，结合事件发生时间、地点、天气状况，由系统自动对交通事件做出"Ⅰ级特别严重"、"Ⅱ级严重"、"Ⅲ级较重"、"Ⅳ级一般"四种等级的评价(参看《中华人民共和国交通运输部公路网运行监测与服务暂行技术要求》)，当多起交通事件同时发生时，优先处理级别高的交通事件。

②交通事件影响分析

构建交通事件影响分析模型，分析可能产生的影响和影响的范围。

(3)事件管理功能模块

交通事件信息以固定格式上报，通过自动统计分析，在GIS地图上智能显示。地图展现以下几个图层：

①交通事件地理分布

以一个黑点代表定义的一起交通事件，将所有交通事件按其发生的地理位置(桩号)叠加显示在全省高速公路GIS地图上，通过黑点的深浅和密集程度直观反映交通事故的地理分布情况。

②交通事件发生时间分布

以00时—04时、04时—08时、08时—12时、12时—16时、16时—20时、20时—24时划分六个时间段，统计相应时间段发生的交通事件数量。以柱形图的形式表现。该图可叠加显示在①界面的空余部分。

③交通事件类型分布

按交通事故、气象影响、交通阻塞、施工作业四种类型统计交通事件的数量，以柱形图表现数量和饼图表现占比的两种形式表现。该图可叠加显示在①界面的空余部分。

3.3.3.4 气象服务系统

气象服务系统提供全面、实时、准确的气象服务信息。系统结合气象观测点的点数据和气象局的面数据，提高气象服务的准确性；形成集气象数据查阅、气象预警、气象影响分析于统一的综合展示平台，支持气象信息动态在线跟踪；将孤立的气象服务系统与指挥调度业务协同，提升气象服务数据的利用效率。

1）功能目标

（1）实时全面获取气象数据

气象服务系统实时调用云计算数据中心监测站源数据和气象局分析后预警预报信息，云计算数据中心对此类数据进行整合，同时需满足实时性要求。

（2）完善和标准化气象业务分析

根据不同气象特性，建立相对应的气象判别业务类型，根据降雪、强降雨、强风、低能见度、高温、路面冻结等不同类别不同级别气象灾害，自动生成相对应的详细预警信息，预警信息包括具体天气影响路段、影响时间、持续时间，并提供有可能引发重大事件的灾害天气预防措施。

（3）全方位多方式发布气象信息、预警信息

发布气象信息应包括实时数据显示、短时气象数据预报以及气象预警预报；发送方式多样化，如情报板、手机信息推送等。

（4）与相关系统实时对接

气象服务系统需要与情报板信息管理与发布系统和监控调度与应急指挥系统实现协同，情报板信息管理与发布系统能实时发布相关气象信息，监控调度与应急指挥系统能实时获取预警预报信息。

2）功能设计

气象服务系统功能模块主要包括气象预警、气象预报、气象灾害预案分析和实时气象播报，其功能框架如图3-35所示。

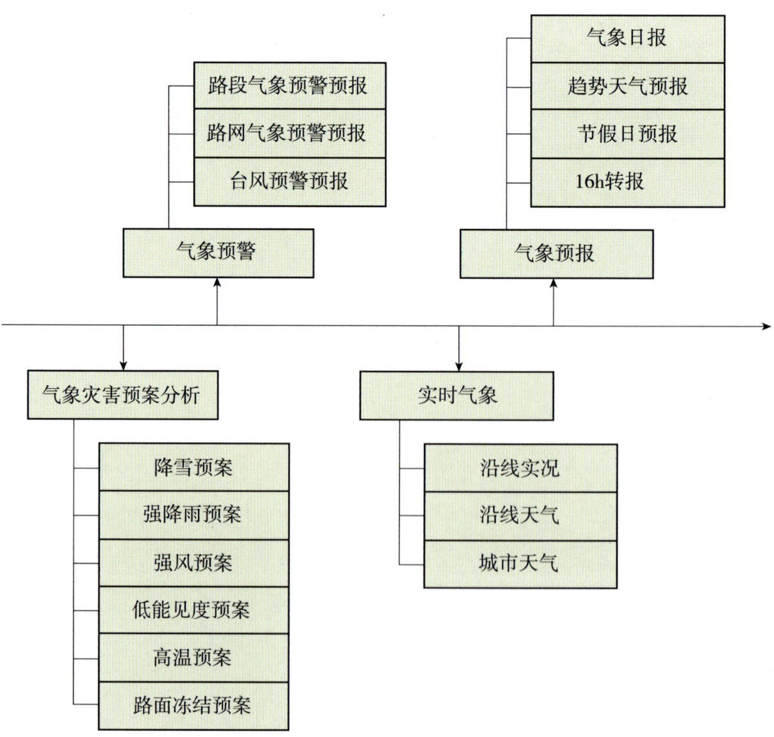

图3-35 气象服务系统功能框架图

3.3.3.5 情报板信息管理与发布系统

情报板信息管理与发布系统以云计算数据中心为数据源，直接与情报板业务库进行数据交互，结合预先建立的情报板发布预案，实现智能生成情报板发布指令信息，并下发到路公司情报板系统，由路公司完成信息的发布，实现实时掌握各路段情报板的运行状态。

1）系统功能目标

（1）需求识别实时准确

对于业务协同信息发布的需求，系统将先智能自动识别，然后人工确认；对于省调度中心紧急信息的发布需求，则需要人工确定信息发布预案。

（2）提高发布情报板即时性与准确性

为了有效提高应急指挥效率，系统将自动生成信息发布预案，包括情报板发布需求、内容、指令执行等内容。

（3）情报信息预案智能化

根据发布需求，建立完善的情报板发布信息预案。第一，预案类别要包括交通管制、气象预警等所有情况；第二，每个预案包括情报板发布资源分配、情报板发布内容、发布持续时间等完整信息。在自动识别需求基础上，智能生成相应预案，以便提高信息发布效率。

（4）发布控制标准化

情报板发布控制标准主要包括发布预案模型标准化、流程标准化以及权限标准化，预案模型标准化是指不同的情报发布需求对应着特定的发布模型；流程标准化是指发布需求、发布确认等顺序、对应部门和系统要遵循标准。

2）系统功能要求

情报板信息管理与发布系统是实时汇集、记录以及特殊、应急指挥时情报板信息指令的下发系统。该系统在需要时，可以直接发布指令，实现对情报板的控制。情报板信息管理与发布系统充分利用云计算数据中心数据源，直接与情报板业务库进行数据交互，结合情报板发布预案，实现智能生成情报板发布指令信息，并下发到路公司情报板系统，由路公司完成信息的发布，实现实时掌握各路段情报板的运行状态。

（1）业务需求确认

对于业务协同信息发布需求首先智能自动识别，然后人工确认；对于省调度中心紧急信息需要人工确定信息发布预案。

（2）情报板信息指令生成

根据发布需求，建立完善的情报板发布信息预案。第一，预案类别要包括交通管制、气象预警等所有情况；第二，每个预案包括情报板发布资源分配、情报板发布内容、发布持续时间等完整信息。在自动识别需求基础上，智能生成相应预案，有效提高信息发布效率。

（3）发布控制标准化

情报板发布控制标准主要包括发布预案模型标准化、流程标准化以及权限标准化，预案模型标准化是指不同的情报发布需求对应着特定的发布模型；流程标准化是指发布需求、发布确认等顺序和对应部门和系统要遵循标准。

（4）情报板信息指令发送

系统自动生成发布内容，并可点击选择发布路公司、路段区域、桩号、发布的持续时间和发送方向。

可实现以报表显示方式，按路段、路公司分类查询路公司反馈信息。

可实现以报表显示方式，按路段、路公司分类查询已发指令信息和路公司反馈信息。

可实现以报表显示方式，按路段、路公司分类查询历史发布信息的详细内容。

(5)情报板信息查询功能

可通过 GIS 图层和报表两种显示方式，按路公司、重要路段、重要地段、设备类型分类查询情报板基础数据、运行数据和历史数据，基础数据包括桩号、所属路段、路公司、设备类型、生产厂家等，运行数据包括桩号、发布内容、时间段、方向、发布信息来源单位、设备运行状态信息。路公司可通过该系统实现查看临近路段情报板信息。

3.3.3.6 指挥调度营运业务决策支持系统

指挥调度营运业务决策支持系统是指挥调度平台的上层业务系统，主要面向领导层面，需对多源数据进行集中统计、分析、挖掘，生成直观的指挥调度业务的统计分析报表，为领导和业务人员提供重大节假日管制、免费放行管理、指挥调度业务统计、日常管理办法制定的决策支持服务。

1)系统功能目标

指挥调度营运业务决策支持系统主要面向领导层面，提供指挥调度运营业务决策支持、高速公路安全管理决策支持和数据管理三大功能。

指挥调度营运业务决策支持功能包括路网交通营运状况分析、路网道路养排统计分析、路网交通管制统计分析、路网应急资源统计分析、路网指挥调度信息设备统计分析、路网闯卡与逃逸统计分析、路网免费放行统计分析七类；高速公路安全管理决策支持功能包括路网交通事故统计分析、路网气象预警统计分析和路网交通事故规律挖掘三类；数据管理包括历史数据人工导入、历史事件知识学习和辅助决策报表管理三个子功能。

决策支持系统通过以上三大模块、十个统计分析子项、三个数据管理子类的功能为领导和业务人员提供重大节假日管制、免费放行管理、指挥调度业务统计、日常管理办法制定等的决策支持服务。

通过定制统计规则与流程，实现各类数据的融合，从而保证数据处理结果的正确性。系统以整合处理后的数据为基础，依据各子系统人工决策对数据的要求，生成多样化详细的交通信息报表，为人工审核并选择交通管制策略提供支持。

2)系统功能要求

决策支持系统是指挥调度平台的上层业务系统，主要面向领导层面，需对多源数据进行集中统计、分析、挖掘，提供指挥调度营运业务决策支持、高速公路安全管理决策支持和数据管理三大功能，生成直观的指挥调度业务的统计分析报表，为领导和业务人员提供重大节假日管制、免费放行管理、指挥调度业务统计、日常管理办法制定的决策支持服务。

通过定制统计规则与流程，实现各类数据的融合，从而保证数据处理结果的正确性。系统以整合处理后的数据为基础，依据各子系统人工决策对数据的要求，生成多样化详细的交通信息报表，为人工审核并选择交通管制策略提供支持。

(1)路网营运业务决策支持功能要求

①交通运营状况分析

A. 高速公路运行特征分析

对高速公路的日、周、月、任意指定周期均流量进行统计分析，包括进行同比、环比分析，并按南网、北网划分和按路桥公司划分。

对路网运行数据进行综合分析，对断面交通流量、收费站出入口流量、车型、平均速度等数据进行分类，形成相应的报表文件和图表，包括：按历史同期数据的对比、统计；按路网状态变化的对比、统计；公路网状态列表等。

B. 路网运行情况分析与报告

系统能根据不同断面、路段及路网在不同时间段内的平均流量、平均运行速度等历史信息，能对当前的流量及运行速度做出分析预测。

对于高速公路流量分布的时间变化趋势进行分析，找出峰值变化趋势，并进行同比、环比分析。

对高速公路的拥挤度进行分析，包括按照南网、北网趋势对比，各条高速公路的拥挤度的同比、环比分析。生成高速公路运行状况报告。

利用采集交换来的数据，经过数据挖掘、模型处理后，实现行业监管，具体包括高速公路断面交通流量查看、收费站入口交通流量查看、车型结构占用比例查看、平均速度查看，均进行同比、环比分析。

上述流量分析可以生成报表及对应的图表(柱状图、折线图、饼图等)。也可通过高速公路路网运行状态识别与分析模型计算出相应的路段拥挤度并在 GIS 地图上以不同颜色及线条粗细进行标注，具体为畅通(绿色)、基本畅通(蓝色)、轻度拥堵(黄色)、中度拥堵(橙色)和严重拥堵(红色)。

C. 交调站点交通量统计分析

交调站点交通量统计分析功能，可实现选定站点和时间段的月平均日交通量、周平均日交通量、任意指定周期的平均日交通量、小时累计交通量、按照任意指定周期小时交通量从高到低从第一到第五十位小时的累计交通量的统计列表。

②道路养排统计分析

提供养排区域(路段、桩号)、时间、类型等的查询，清排障作业次数、原因、到达现场的时间、指定时间到达率、平均疏通时间、疏通率等的统计。系统可自动生成各高速公路月度、季度、年度或者任意指定周期内的道路养护和排障统计分析报告，并进行同比、环比分析。

③交通管制统计分析

日度、月度、季度、年度或者任意指定周期内的交通管制统计报告，提供交通管制地点、影响范围、管制时间、管制原因等的查询。系统按各条高速公路、南北网、全网生成交通管制统计分析报告，并进行同比、环比分析。

④应急资源统计分析

系统提供对应急资源的种类、储量、所在位置、更新时间等的查询，自动生成列表，对应急资源使用情况进行统计分析，对应急资源的合理配置提供建议，生成报表。

应急资源包括清排障辅助车、清障车、吊车、平板车、除雪设备、人员和物资。

⑤指挥调度信息设备统计分析

指挥调度信息设备包括视频监控系统、可变情报板、卫星定位车辆定位系统三大类。

A. 视频监控系统

按照各路桥公司分类，对全省高速公路的视频监控设备进行统计，提供设备运行状态、数量、图像种类、服役时间、故障次数及原因的查询服务，生成统计分析报告，总结设备的故障原因。

B. 可变情报板

按照各路桥公司分类，统计全省高速公路可变情报板设备的种类和数量，提供情报板运行状态的查询服务。

C. 卫星定位车辆定位系统

按照各路桥公司分类，对全省高速公路的卫星定位车辆进行统计，提供车辆运行情况、服役时间、故障次数及原因的查询服务，生成统计分析报告。

⑥闯卡与逃逸统计分析

对闯卡与逃逸车辆进行记录，包括车辆类型、车牌号、闯卡与逃逸方向等。提供各收费站、各条高速公路的日度、月度、季度、年度以及任意周期内的车辆闯卡与逃逸数量的统计功能，并可按数量从高到低进行排列。统计不同车辆类型的比重，生成相应的报表。为防止车辆的闯卡与逃逸提供建议。

⑦免费放行统计分析

系统提供免费放行收费站、方向、原因、持续时间、放行车辆类型占比等的查询服务，对各收费站和路桥公司的月度、季度、年度以及任意周期内的免费放行事件进行统计分析，特别关注频繁免费放行的收费站，生成统计分析报告，并进行同比、环比分析。

(2)高速公路安全管理决策支持

①交通事故统计分析

对各高速公路的交通事故进行日度、周度、月度、季度、年度以及任意指定周期内的数量统计，并进行同比、环比分析，提供各交通事故发生地点、时间、天气状况、事故原因、事故影响、损失情况等的查询服务，生成相应的统计分析报表。

②气象预警统计分析

提供全省高速公路气象灾害的类型、影响范围、影响时间、造成损失情况等的查询服务，标记频发灾害类型、区域和时间，生成相应的报表，有针对性地制定气象灾害预防措施，从而实现路网灾害天气数据的细化并辅助决策支持系统。

③交通事故规律挖掘

统计特定区域的交通事故数量，并进行同比、环比分析，标注出事故易发地点、类型和原因，分析与时间、地点、车型等之间的关系，生成分析报告。

(3)数据管理

①历史数据人工导入

将决策支持系统功能需求的所有历史数据通过人工导入，建立决策支持系统数据资源池。

②历史事件知识学习

业务人员需定期将对典型事件的总结以一定格式录入决策支持系统，包括案例特点、主要应对措施以及完善之处。系统通过对典型事件的不断学习，提供以下功能：输入事件特征，系统会自动检索资源库所有历史事件，提供事件解决措施供业务人员参考，并显示类似历史事件的处理措施和效果。

③辅助决策报表管理

统一备份周期性自动生成的决策支持图表、报告，以备查阅。

3.3.3.7 系统展示

指挥调度系统包括路网运行监控、应急事件管理、交通气象、路网调度、报表分析、日产管理等功能的实现，以下为各种功能的应用展示(图 3-36 ~ 图 3-49)。

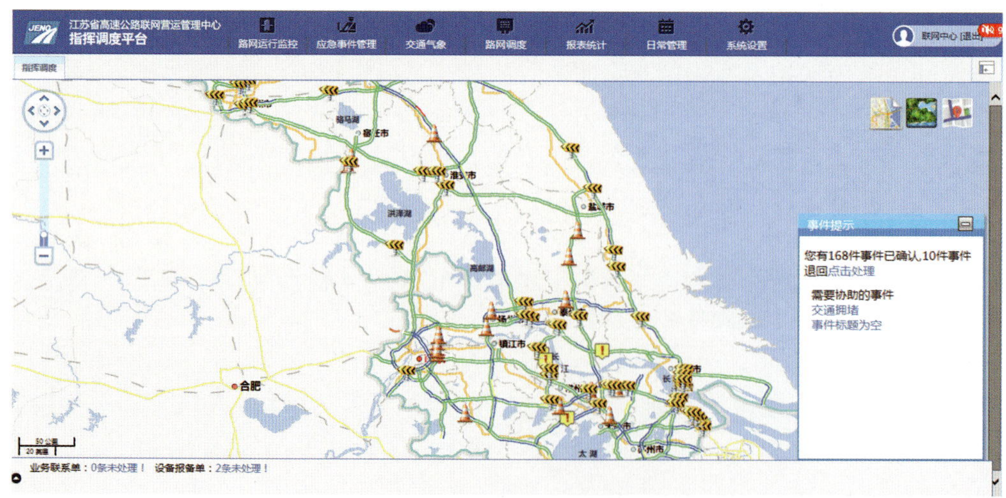

图 3-36 指挥调度平台界面展示

1）路网运行监控界面展示

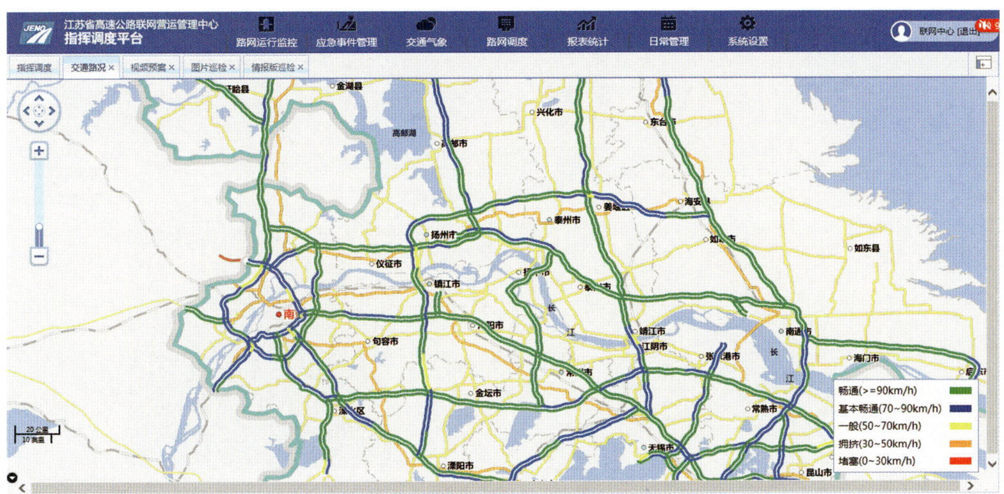

图 3-37　路网运行监控——交通路况界面展示

图 3-38　路网运行监控——情报板巡检界面展示

图 3-39　路网运行监控——图片及视频巡检界面展示

2）应急事件管理界面展示

图3-40　应急事件管理界面展示

3）交通气象界面展示

图3-41　交通气象——城市实时气象界面展示

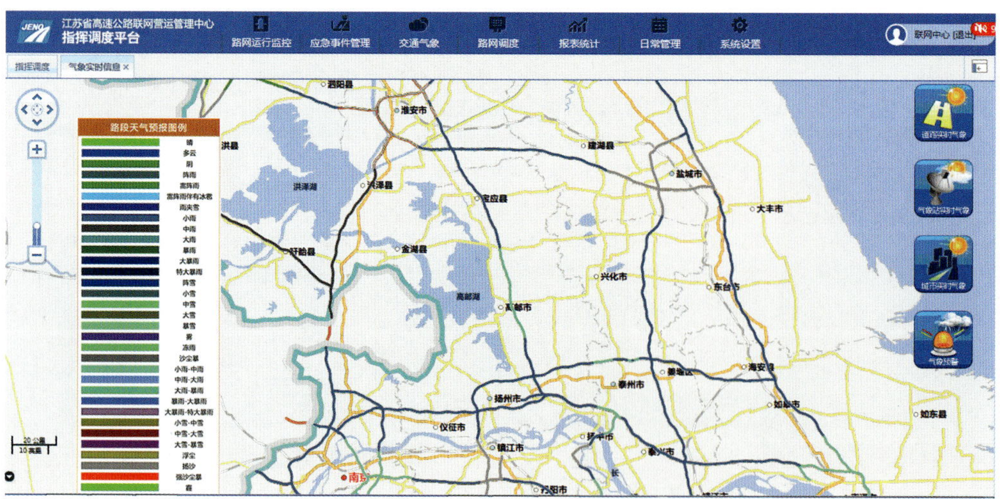

图3-42　交通气象——道路实时气象界面展示

4)路网调度界面展示

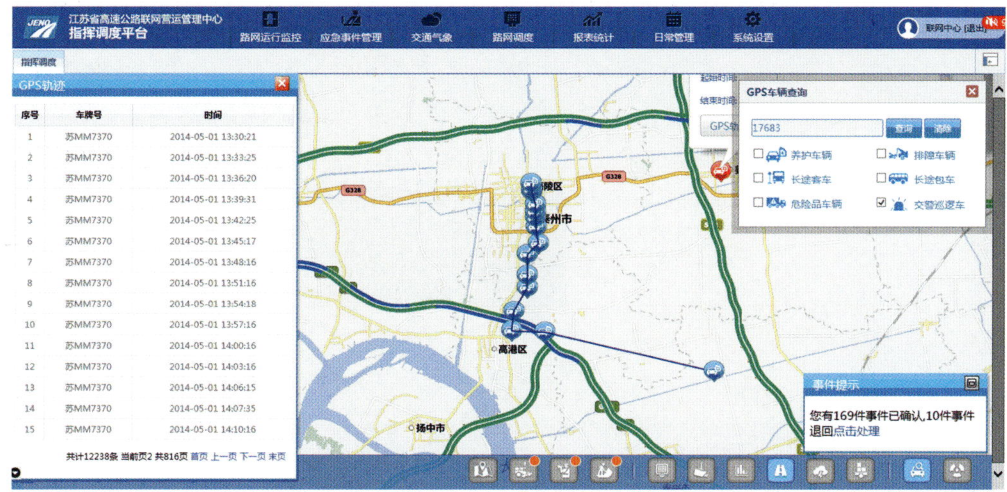

图3-43　路网调度——GPS车辆轨迹查询界面展示

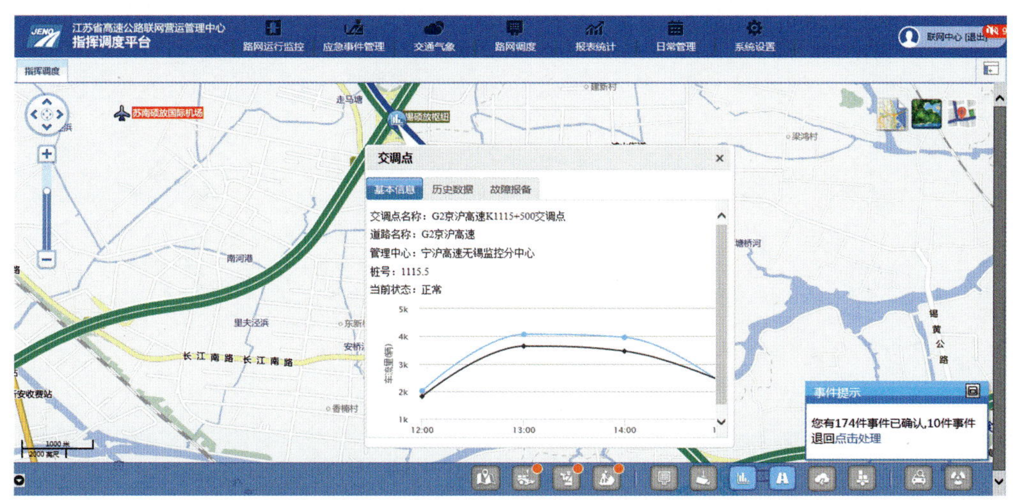

图3-44　路网调度——交调点查询界面展示

图3-45　路网调度——气象站查询界面展示

图 3-46　路网调度——情报板查询界面展示

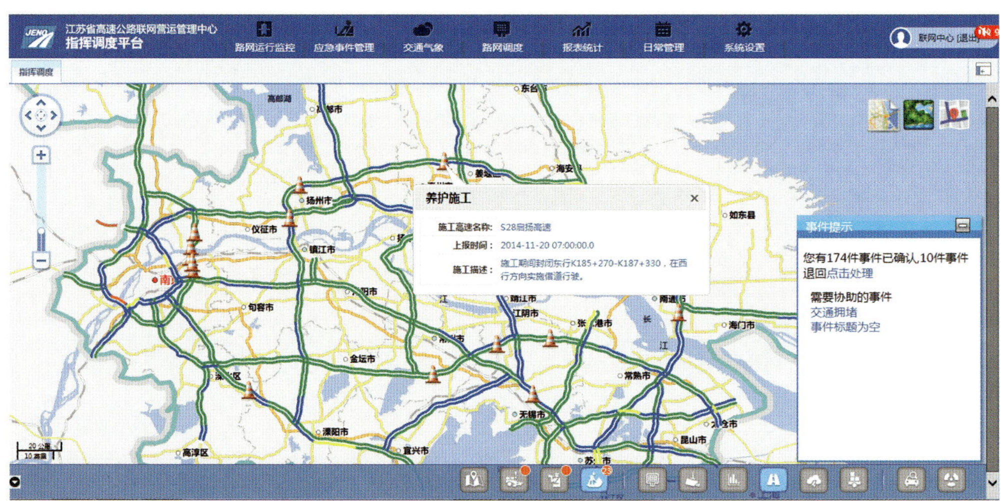

图 3-47　路网调度——施工养护查询界面展示

5)报表统计界面展示

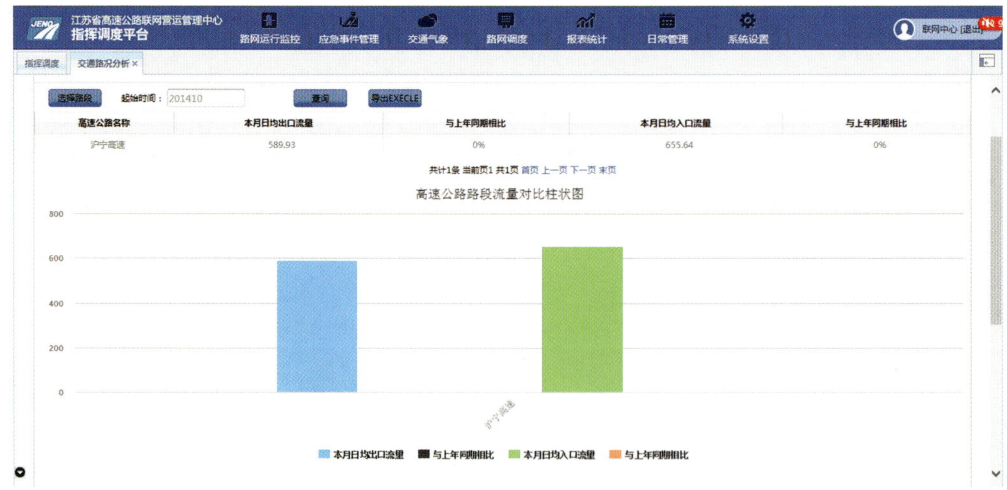

图 3-48　报表统计——交通路况分析界面展示

图 3-49　报表统计—交通路况分析—拥挤度排行界面展示

3.3.4　公众服务平台

3.3.4.1　卫星定位交通诱导系统

基于卫星定位的交通诱导系统是汇聚组织高速公路实时交通信息，并将其提供给车载导航运营商开展基于卫星定位的交通诱导服务的系统。该系统根据运营商的服务要求，为其组织所需的高速公路实时路况信息，并通过标准接口将信息发送给运营商。

卫星定位交通诱导系统功能要求如下：

1) 卫星定位交通诱导信息组织规则库

卫星定位交通诱导信息组织规则库的功能是，通过对卫星定位交通诱导服务方式的需求进行分析，并根据诱导信息的位置描述规则，建立服务通用信息的组织规则库，实现交通诱导信息的组织，如图 3-50所示。

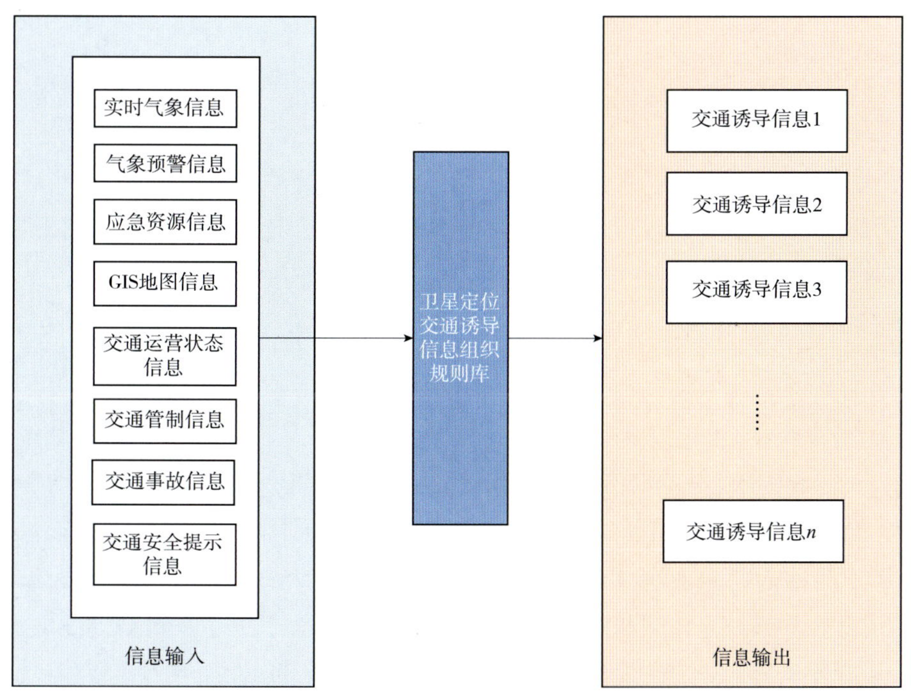

图 3-50　卫星定位交通诱导信息组织规则库功能

2)卫星定位交通诱导信息管理功能

卫星定位交通诱导信息管理功能包括两类，一类是实现接口调用信息的管理，记录信息的接入及输出性能、成功率等，进行各种导航厂商的调用记录的统计；另一类是实现接口传输对象的配置，配置每个服务对象的信息内容、传输周期，配置每个用户每个周期的访问用户数等。

3)人机界面展示功能

人机界面展示功能是实现服务信息管理人员的可视化操作。

3.3.4.2 基于手机的信息互动服务系统

基于手机的信息互动服务系统是汇聚组织高速公路实时路况信息和气象信息，并提供基于手机应用软件的信息查询、路径导航和用户信息反馈服务的系统。该系统由中心端和客户端两部分组成。通过开发界面友好的智能手机客户端供用户下载，需要在中心端支撑客户端的高速公路基础及实时信息查询，支撑气象信息的查询和发布，支撑客户端的基于位置的高速公路实时交通信息导航服务，支撑用户与联网中心的信息交互服务。

基于手机的信息互动服务系统以手机作为发布手段，通过界面友好的智能手机客户端，与用户充分交流服务请求并通过多元化的表现形式向用户展现所需的信息服务。

手机用户可以通过客户端应用程序，获取基础的交通出行信息，也可通过应用程序获取实时动态的信息服务。用户可以凭借客户端应用程序动态选择最快或最经济的路径，避开事故、管制、拥堵、施工等不利于通行的路段。此外用户可利用应用程序实现信息上报功能，实现高速公路经营管理单位与公众互动，提高信息发现的及时性和准确性，实现移动终端应急采集发布功能。基于智能手机现场信息与传输方案，避免了架设传输网络和摄像机的过程，费用低、反应快，通过一定方式吸引智能手机用户使用交通服务。

其功能要求如下：

1)服务范围的全程化

该系统以手机作为信息服务的媒介，只要出行者持有特定操作系统的智能手机并下载安装了该应用程序，就可以7×24h实现信息的查询，进入全省高速公路路网内即可使用该系统提供的实时动态诱导服务。

2)服务内容的个性化

通过界面友好的客户端，用户可以便捷地选择出入口收费站，系统可动态地为用户提供最短和最优路径的导航服务。

3)界面展示的多元化

将客户端应用程序的导航功能进行模块化，用户可以根据自身的需要，选择图形展示、语音提示等多元化的信息展示方式。

4)功能的集成化

客户端应用程序集成了类似于手机网站的信息查询、类似于卫星定位动态导航的导航功能、类似于微博的信息上传功能于一身，真正覆盖了出行前信息查询，出行中动态导航，出行后进行评价的出行全过程。

目前，省高速公路联网中心，联合东南大学物联网交通应用研究中心，推出了手机APP“e行高速”，用户可以提前预知全省高速的实时路况，也可以及时将路上的情况反馈，成为路况播报员，效果优良。

3.3.4.3 基于网站的信息服务系统

基于网站的信息服务系统是汇聚组织高速公路实时交通信息，并基于网站提供文本、图形、视频等多种方式的信息服务系统。该系统整合了原来的js96777网站和wap.js96777网站，在现有互联网网站和手机网站服务内容基础上，对功能和服务形式进行升级，实现多样化的实时交通信息服务。

以网站为媒介的信息服务方式主要面向出行前或中途停靠的过程中用户。结合已有的 js96777 网站、wap. js96777 网站、微博等互动平台，向出行者提供多渠道、全方位、立体化的综合出行信息服务。在对用户需求了解的基础之上，从数据库中提取所需数据，对数据进行分析处理，生成处理结果，并及时通过多种方式(图片、视频、文本等)向公众发布重要实时的路况信息(气象信息、养护信息、管制信息、路况诱导信息等)。同时，高速公路出行者也可以结合自身需求，通过电脑和手机登录网站查询交通路况信息和交通事件信息并合理规划出行路线。系统的功能须完成以下几点要求：

1)信息接入

通过对网站服务方式所需信息的需求进行分析，通过信息接入模块接入用户服务所需要调用的原始信息，并存入网站服务系统数据库中，同时，将公众服务辅助分析系统产生的图形，查询表等信息通过信息接入模块，存入网站对外服务的相应目录。

2)信息分类汇总组织

将接入的信息按照系统数据库的分类标准进行分类汇总，归入相应的储存和处理模块。

3)面向个性化需求的信息处理

根据个性化的信息需求，将用户请求的路径导航、路况查询、服务设施查询等信息进行提取和整合成用户所需的行驶信息，结合用户自身情况计算相关参数辅助用户进行出行决策。

4)信息的多元化发布

将整合后的信息通过 WEB、WAP 等渠道，以文本、图像、语音等格式发布。

5)用户反馈统计

统计不同类型服务用户的使用情况，以及用户对信息准确性，实时性等服务质量的反馈。

6)网站界面

现在 www. js96777. com，以及 wap. js96777. com 这两个网站正在运行，从公众看到的方面，主要是实时交通信息展示功能。

3.3.4.4 公众服务辅助分析系统

公众服务辅助分析系统是汇聚、统计、分析公众服务信息发布情况，掌握用户使用情况，分析用户使用行为的辅助系统。该系统通过汇聚分析公众服务平台其他子系统信息发布情况和用户使用情况相关数据，经统计和分析后，以图表等多种形式展示公众服务信息发布和使用情况历史、实时数据的统计和比对分析结果，了解用户使用行为。

公众服务辅助分析系统主要完成对公众服务信息发布和使用情况的汇聚、统计、分析，掌握用户使用情况，分析用户使用行为，以了解用户出行行为特征。公众服务辅助分析系统需要接入公众服务平台其他子系统信息发布情况和用户使用情况相关数据，经过统计和分析后，以图表等多种形式展示公众服务信息发布和使用情况历史、实时数据的统计和比对分析结果，了解用户使用行为。公众服务辅助分析系统总的功能要求主要有以下两大部分：

1)公众服务业务支持功能

(1)发布信息分析

按发布方式划分，对通过不同渠道进行发布的各类信息进行统计分析。

按发布区域划分，对各条高速公路上所发布的信息内容和数量进行统计分析，包括进行同比、环比分析。

按发布内容分，对信息发布的种类、数量、时间进行统计分析，包括进行同比、环比分析。

(2)信息使用分析

系统对手机客户端、网站的访问量，以及卫星定位车载终端的用户数量等的统计分析，包括同比、环比分析。

(3)用户反馈分析

系统对手机客户端、网站的用户所提供的反馈信息进行统计，分析用户对信息的需求情况，形成用户反馈分析报告。

2)数据管理

(1)历史数据人工导入

将公众服务辅助分析系统功能需求的所有历史数据通过人工导入，建立公众服务辅助分析系统数据资源池。

(2)辅助分析报表管理

统一备份周期性自动生成的辅助分析图表、报告，以备查阅。

3.3.4.5 系统展示

多元个性化公众出行信息服务平台及信息发布诱导系统包括手机 App、网站、卫星定位诱导系统和情报板信息管理与发布系统。以下为各发布方式的应用展示图，如图 3-51 ~ 图 3-65 所示。

1)手机 App(e 行高速)

图 3-51　手机 App 应用展示 1

图 3-52　手机 App 应用展示 2

2）网站

图 3-53　江苏高速公众出行服务网界面展示

	高速名称	事件类型	起点	终点	开始时间	事件描述	操作
1	G2501南京绕城高速	施工养护	K52+000	K53+786	2014-11-28 14:00	G2501南京绕城高速南京四桥段从52K至55K由南京往六合方向，由于桥梁伸缩缝清理，现场占用应急车道，预计16时30分结束。	详情 地图
2	G2501南京绕城高速	施工养护	K48+000	K49+000	2014-11-28 08:00	G2501南京绕城高速南京四桥段从48K至49K由南京往六合方向，由于声屏障施工，现场占用第三车道、应急车道，预计18时结束。	详情 地图
3	G42沪蓉高速	施工养护	K254+700	K254+700	2014-11-28 07:54	G42沪蓉高速宁镇段在254K+700处双向，由于施工养护，封闭第三、四车道，预计17时结束。	详情 地图
4	G25长深高速	施工养护	K2100+900	K2098+900	2014-11-28 07:15	G25长深高速宁杭段从K2100+900至K2098+900由杭州往连云港方向，由于施工养护，封闭杭州往南京方向道路，关闭杭州往南京方向白马收费站出口和入口，并在南京往杭州方向借道行驶。预计17时恢复。	详情 地图
5	G25长深高速	施工养护	K1886+000	K1866+000	2014-11-28 00:30	G25长深高速宁淮淮安段从1886K至1866K由南京往连云港方向，由于道路安全设施维修流动施工，占用第一车道或第三车道和应急车道，预计17时结束。	详情 地图
6	G2501南京绕城高速	施工养护	K25+000	K25+000	2014-11-28 00:30	G2501南京绕城高速南京四桥段在25K处由南京四桥往六合方向，由于边坡绿化施工，现场占用应急车道，预计15时30分结束。	详情 地图
7	G30连霍高速	恶劣天气	K148+0	K213+0	2014-11-27 18:15	G30连霍高速邳州段从林东枢纽至邳州东双向，由于小雨，限速80公里/小时。	详情 地图
8	S69济徐高速	恶劣天气	K18+000	K79+000	2014-11-27 15:13	S69济徐高速徐州段从郑集至丰县北双向，由于雾，限速80公里/小时。	详情 地图
9	G3京台高速	恶劣天气	K660+000	K735+000	2014-11-27 14:21	G3京台高速徐州段双向从京福省界至罗岗枢纽，由于小雨，限速80公里/小时。	详情 地图
10	G30连霍高速	恶劣天气	K213+0	K235+0	2014-11-27 14:09	G30连霍高速徐州段双向从林东枢纽至罗岗枢纽，由于小雨，限速80公里/小时。	详情 地图

图 3-54　网站——实时路况展示

图 3-55　网站——路径查询展示

图 3-56　网站——交通管制展示

图 3-57　网站——交通状况展示

图3-58　网站——收费站信息展示

图3-59　高速公路气象——公路预报展示

图 3-60　高速公路气象——实时气象展示

	高速名称	服务区名	方向	桩号	服务区状态	餐饮	住宿	银联卡	服务区信息	加油站信息	操作
1	G15沈海高速	赣马服务区	灌云-汾水	K788+000	开放	√	-	-	查看	查看	查看地图
2	G15沈海高速	赣马服务区	汾水-灌云	K788+000	开放	√	-	-	查看	查看	查看地图
3	G15沈海高速	浦南服务区	汾水-灌云	K818+000	开放	√	-	-	查看	查看	查看地图
4	G15沈海高速	浦南服务区	灌云-汾水	K818+000	开放	√	-	-	查看	查看	查看地图
5	G15沈海高速	灌云服务区	南通-连云港	k867+537	开放	√	-	-	查看	查看	查看地图
6	G15沈海高速	灌云服务区	连云港-南通	k867+538	开放	√	-	-	查看	查看	查看地图
7	G15沈海高速	响水服务区	连云港-南通	k899+358	开放	√	-	-	查看	查看	查看地图
8	G15沈海高速	响水服务区	南通-连云港	k899+424	开放	√	-	-	查看	查看	查看地图
9	G15沈海高速	滨海服务区	连云港-南通	k937+436	开放	√	-	-	查看	查看	查看地图
10	G15沈海高速	滨海服务区	南通-连云港	k937+551	开放	√	-	-	查看	查看	查看地图

图 3-61　网站——服务区信息查询展示

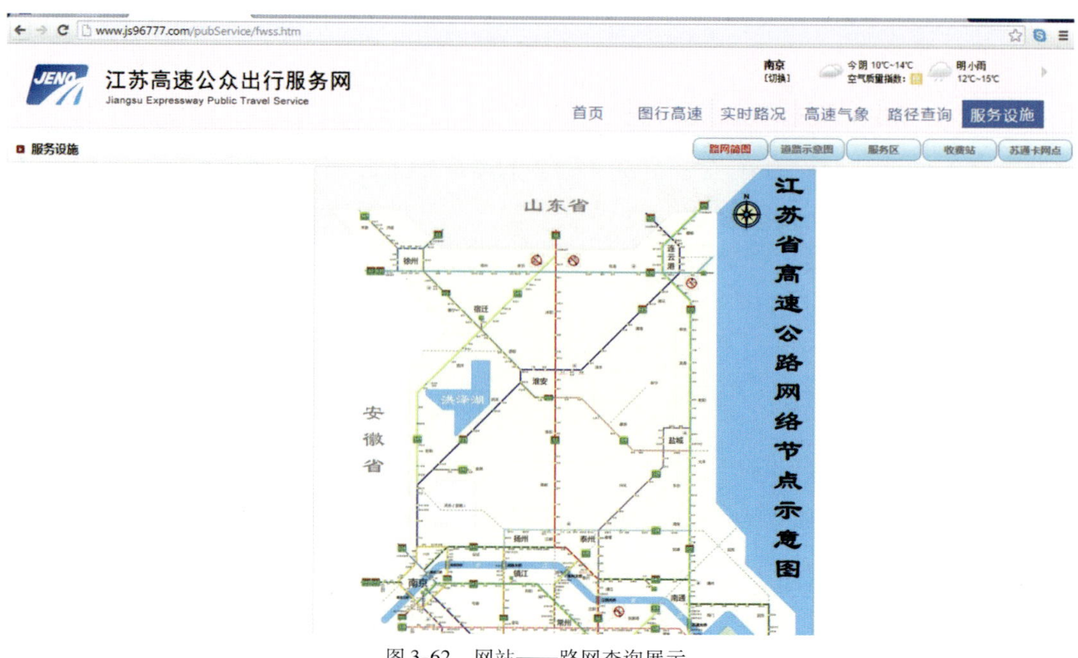

图 3-62　网站——路网查询展示

3）情报板信息管理与发布系统

图 3-63　情报板展示 1

图 3-64　情报板展示 2

图 3-65　情报板展示 3

3.4　平台总数据流架构

3.4.1　数据流总体架构设计

云计算数据中心的数据交互对象包括信息采集系统、路网应用平台、路段数据中心和外部系统，如图 3-66 所示。信息采集系统将采集的多源信息，图 3-66 中的数据流 1，传送至云计算数据中心进行数据的融合、分析、处理等。云计算数据中心将传送来的数据进行分析、处理后，将数据传送至路网应用平台，如图中数据流 2，由路网应用平台提供指挥调度和公众出行服务，同时路网应用平台将相关数据反馈回云计算数据中心，完成信息的共享和交互。云计算数据中心将处理后的数据传送至江苏交通控股有限公司信息中心、养护系统、城市道路相关系统、干线公路相关系统以及外省高速公路相关系统，如图中数据流 3，由外部系统提供相应的服务，同时将相关数据反馈回云计算数据中心，完成

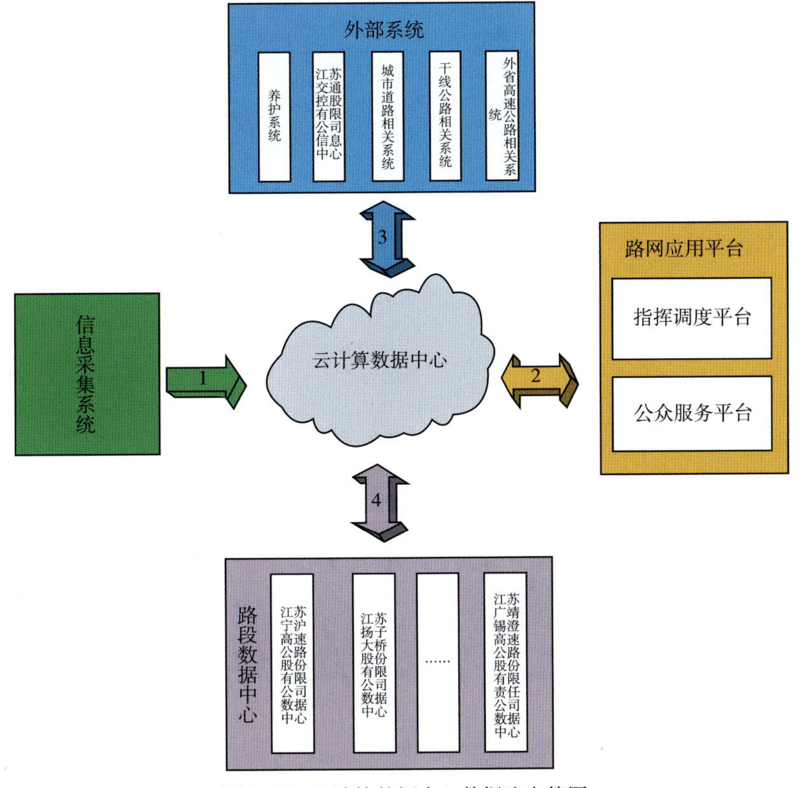

图 3-66　云计算数据中心数据流向简图

数据交互共享。根据图中数据流4则是云计算数据中心与各路桥公司的交互信息，云计算数据中心为各路桥公司的路段数据中心提供相关信息，以便其进行相应的指挥调度和公众出行服务；路段数据中心将处理后的数据传送至云计算数据中心，完成两级中心间的信息交互与共享。

由图3-66可知运营与服务智能化平台总体数据输入输出可分为：信息采集系统数据流架构设计、云计算数据中心与路网应用平台数据流架构设计、云计算数据中心与外部系统数据流架构设计、云计算数据中心与路段数据中心数据流架构设计四类。

3.4.2 信息采集系统数据流架构设计

信息采集系统传送至云计算数据中心的数据流如图3-67所示。手机终端采集的信息、卫星定位采集的信息、ETC等收费车辆移动感知信息，分别通过移动通信网络、卫星定位通信网络、收费网络直接传入云计算数据中心。路段层信息如交调信息通过骨干网、气象信息通过气象网络直接传送至云计算数据中心。

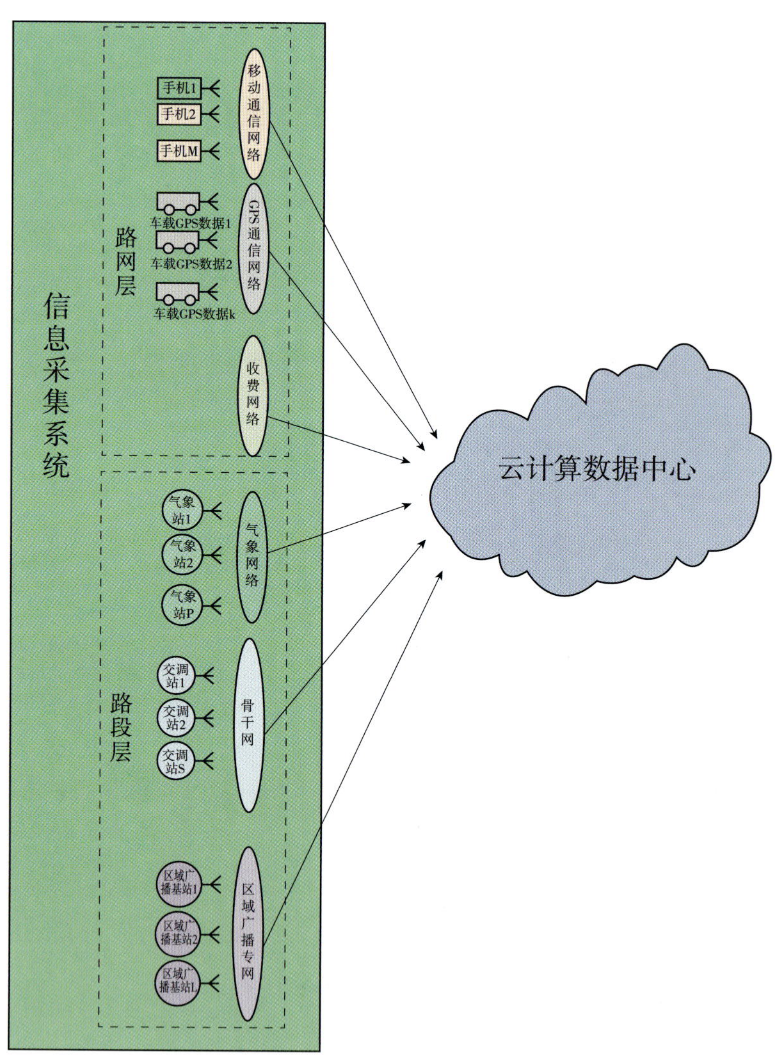

图3-67 信息采集系统与云计算数据中心的数据流向图

3.4.3 云计算数据中心和路网应用平台数据流架构设计

云计算数据中心与路网应用平台间的数据输入输出如图3-68所示。

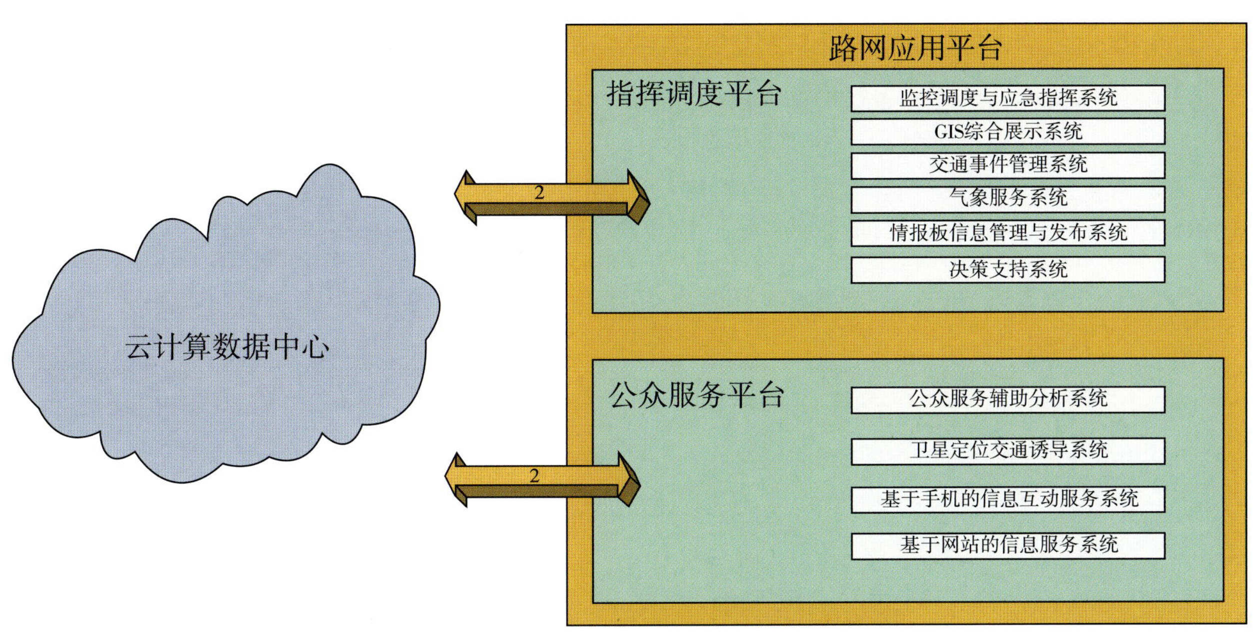

图 3-68　云计算数据中心和路网应用平台的数据流向图

一方面，云计算数据中心将与指挥调度相关的数据传送至指挥调度平台，并与指挥调度系统的监控调度与应急指挥系统、GIS 综合展示系统、交通事件检测系统、气象服务系统以及情报板信息管理与发布系统、决策支持系统进行信息交互。

另一方面，云数据中心将与公众服务相关的数据传送至公众服务辅助分析系统，并与公众服务系统的高速公路区域广播系统、基于卫星定位的交通诱导系统、基于手机的信息互动服务系统以及基于网站的信息服务系统进行信息交互与共享。

3.4.4　云计算数据中心和外部系统数据流架构设计

云计算数据中心和外部系统的数据交互，如图 3-69 所示。云计算数据中心将外部系统所需的数据传送至江苏交通控股有限公司信息中心、养护系统、城市道路和干线公路相关系统、外省高速公路相关系统。同时，养护系统、城市道路和干线公路相关系统、外省高速公路相关系统将相关的交通信息传送回云计算数据中心，完成云计算数据中心和外部系统间的数据交互和共享。

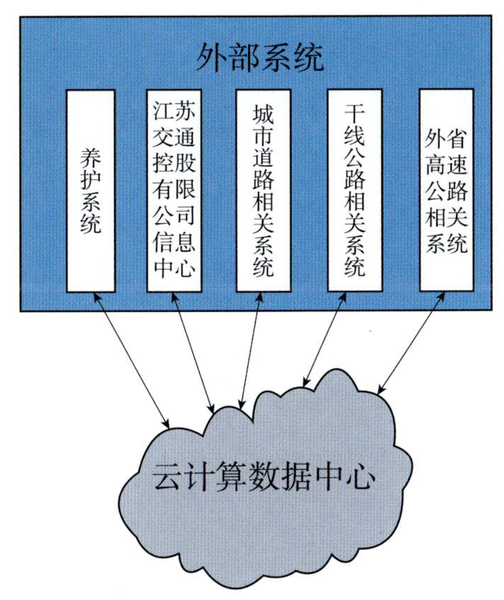

图 3-69　云计算数据中心和外部系统的数据流向图

3.4.5 云计算数据中心和路段数据中心数据流架构设计

云计算数据中心和路段数据中心的数据输入输出，如图 3-70 所示。云计算数据中心将各路桥公司所需数据传至各路桥公司的数据中心即路段数据中心，如江苏宁沪高速公路股份有限公司数据中心、扬子大桥股份有限公司数据中心以及广靖锡澄高速公路股份有限公司数据中心等。路段数据中心将采集来的数据处理后，上传至云计算数据中心，完成两级数据中心间的信息交互及共享。

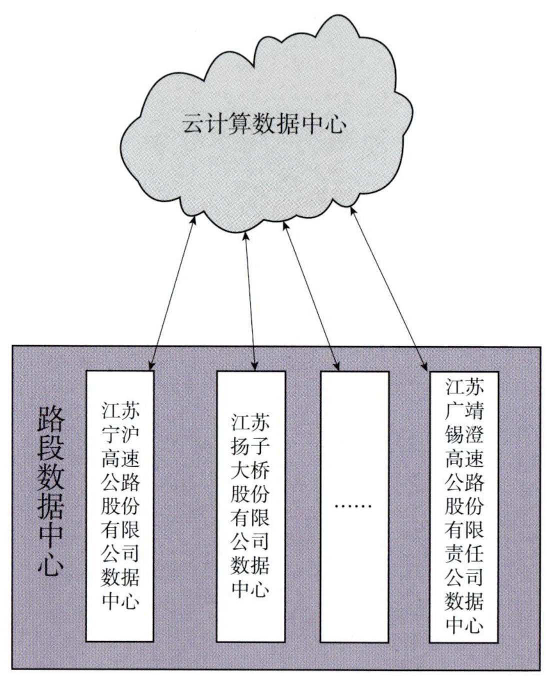

图 3-70　云计算数据中心和路段数据中心的数据流向图

4

智慧高速公路运营与服务智能化平台建设技术要求

4.1 信息采集与监控技术要求

4.1.1 手机信息采集系统技术要求

4.1.1.1 实时性

1) 实时信令数据传输时延

由手机信令采集平台采集获取的实时手机定位数据，传输至手机处理系统的手机数据处理模块所需要的传输时延，要求小于500ms。

2) 数据获取周期

手机处理系统的手机数据处理模块所获取的手机数据，需要周期性地处理生成道路交通状态信息，要求累计一定时间周期的手机数据，以得到有效的、充足的样本量；同时考虑交通流的变化特征，数据获取周期取1min，并根据实际情况优化调整。

3) 交通状态信息更新周期

在累计一定时间周期的原始手机数据后，进行数据处理，得到实时交通状态数据，交通状态信息更新周期取5min。

4.1.1.2 准确性

为了保障多源数据交通状态融合的效果，要求其精度大于85%。

4.1.1.3 覆盖率

为了保障多源数据交通状态融合的效果，要求手机信息采集系统的交通状态覆盖率大于60%。

4.1.1.4 同步误差控制

系统内所有服务器都需要达到时间同步，所有服务器的同步误差控制在100ms以内。

4.1.1.5 系统可靠性

平均无故障工作时间大于10 000h，并提供服务器集群服务和备份机制。

4.1.1.6 安全性

保证输入、输出数据的安全性，通过防火墙制定严格的访问控制策略，并通过安全认证接口保证数据接口安全性。

4.1.1.7 可管理性

提供友好的管理界面，可通过简单配置操作增删数据接收/发布端口，对软硬件可用性与性能进行监控，并合理分配CPU、内存等资源。

4.1.2 卫星定位信息采集系统技术要求

4.1.2.1 实时性

1) 实时卫星定位数据传输时延

由卫星定位浮动车数据采集平台采集获取的实时卫星定位数据，传输至卫星定位处理系统的处理模块所需要的传输时延，要求小于500ms。

2) 数据获取周期

数据获取周期取1min，并根据实际情况优化调整。

3)数据处理周期

数据处理周期取5min。

4.1.2.2 准确性

为了保障多源数据交通状态融合的效果，要求其精度大于85%。

4.1.2.3 覆盖率

为了保障多源数据交通状态融合的效果，要求手机信息采集系统的交通状态覆盖率大于60%。

4.1.2.4 同步误差控制

系统内所有服务器都需要达到时间同步，所有服务器的同步误差控制在100ms以内。

4.1.2.5 系统可靠性

平均无故障工作时间大于10 000h，并提供服务器集群服务和备份机制。

4.1.2.6 安全性

保证输入、输出数据的安全性，通过防火墙制定严格的访问控制策略，并通过安全认证接口保证数据接口安全性。

4.1.2.7 可管理性

提供友好的管理界面，可通过简单配置操作增删数据接收/发布端口，提供完善的监控功能对软硬件可用性与性能进行监控，合理分配CPU、内存等资源。

4.1.3 收费车辆移动感知系统技术要求

收费车辆移动感知系统达到以下技术指标要求：

4.1.3.1 系统准确性

为了保障多源数据交通状态融合的效果，收费车辆的移动状态感知准确性指标要求能达到85%。

4.1.3.2 采集周期

数据传输时延要求小于20s；数据获取周期为1min；数据处理周期为5min，实时更新。

4.1.3.3 系统稳定性

系统稳定性要达到99%。

4.1.3.4 可靠性

提供服务器集群服务和备份机制。

4.1.3.5 安全性

保证输入、输出数据的安全性，通过防火墙制订严格的访问控制策略，并通过安全认证接口保证数据接口安全性。

4.1.4 视频监控系统技术要求

各高速公路的视频监控系统建设情况存在较大差异，将视频监控系统的发展划分为三个阶段，重点监控阶段、全面覆盖阶段和加密实施阶段，各路桥公司根据实际情况进行相应视频监控系统的建设。

4.1.4.1 重点监控阶段

该阶段需要先在路段重要节点进行监控，减少拥堵、降低事故事件发生率，布设要求如下：

(1)互通立交区域必须设置摄像机。

(2)易拥堵、易发生重特大突发事件、恶劣气象条件频发等路段，应按照2km的间距设置摄像机。

(3)避险车道必须设置摄像机。

(4)服务区、停车区应设置摄像机。

(5)特大桥宜设置摄像机；跨大江、跨海湾等特大桥，应按照2km的间距设置摄像机。

4.1.4.2 全面覆盖阶段

该阶段按照2km的平均间距进行布设，实现各路段视频监控的全面覆盖。对于重点监控阶段已经布设的重要节点，对其进行加密。易拥堵、易发生重特大突发事件、恶劣气象条件频发等路段、特大桥，按照小于1km的间距进行布设。互通立交区域、服务区、停车区在原有基础上进行加密。

4.1.4.3 加密实施阶段

加密实施阶段主要对视频监控系统进行加密，提高监控精度，实现无缝监控，布设间距为1km。对于重特大事件易发、恶劣气象条件频发等重要路段，进一步加密，布设间距为500m。

4.2 信息传输技术要求

4.2.1 数据通信接口传输方式

智慧高速公路运营与服务智能化平台数据通信接口传输方式可分为三种方式：中间数据库传输方式、文件格式数据传输方式、XML格式数据文件传输方式与图片格式数据传输方式。

4.2.1.1 中间数据库传输方式

中间数据库传输方式一般适合于车道、检测站、收费站、路段通信分中心、管理中心之间实时的数据传输。

由下级数据传输通信系统为上级数据传输通信系统建立数据交换数据库，并为上级数据传输通信系统建立传输用户。

4.2.1.2 文件格式数据传输方式

文件格式数据可以采用标准文件传输协议(FTP：File Transfer Protocol)方式进行传输，FTP传输协议符合NTCIP协议标准，适合于进行大数据的传输，处理的效率也相对比较高。

文件格式数据传输方式适用于省内区域通信中心至管理中心、各级管理中心之间的实时数据传输。

4.2.1.3 XML格式数据文件传输方式

XML格式数据文件传输方式特别适合于高速公路营运管理信息化网络系统客户机——浏览器方式的数据通信网络传输。一般适用于上级数据传输通信系统向下级数据传输通信系统发送图像查询请求、人口信息查询结果。

4.2.2 数据通信接口传输内容

4.2.2.1 信息采集系统与云计算数据中心

信息采集系统与云计算数据中心接口传输内容包括：检测设施数据和高速公路网运行数据。其中高速公路网运行数据包括交通运行数据、路网环境数据和交通事件数据等。

4.2.2.2 云计算数据中心与指挥调度平台

云计算数据中心与指挥调度平台接口传输内容包括：高速公路GIS基础信息、动态交通信息、气象信息、应急资源信息、卫星定位信息、交通运营状况等；指挥调度平台与云计算数据中心接口传输内容包括应急指挥统计、应急响应预案、应急调度处置预案、应急指挥专家库、监控信息、资源调度信息、GIS 业务展示、事件发现、处置信息、情报板控制与发布信息、指挥调度决策支持结果等。

4.2.2.3 云计算数据中心与公众服务平台

云计算数据中心与公众服务平台接口传输内容包括：高速公路 GIS 基础信息、动态交通信息、气象信息、应急资源信息、GPS 信息、交通运营状况等；公众服务平台与云计算数据中心接口传输内容包括推送相关信息反馈、应急信息反馈、交通诱导信息、手机用户信息、手机互动信息、网站更新信息、网站点击信息、网站互动信息等。

4.2.2.4 信息采集系统与云计算数据中心

云计算数据中心与路段数据中心接口传输内容包括：交通事件信息、交通事故信息、施工养护信息、情报板信息、路段指挥调度状态信息、视频信息、交调信息、外场设备运行状态信息等。

路段数据中心与云计算数据中心接口传输内容包括：GIS 基础信息、路网指挥调度指令、气象预报信息、气象预警信息、交通事件信息、交通事故信息、施工养护信息、交通运行状态信息、交通运营状况估计与预测信息、外省高速公路信息、城市道路信息、干线公路信息等。

4.2.2.5 云计算数据中心与江苏交通控股有限公司信息中心

云计算数据中心与江苏交通控股有限公司信息中心接口传输内容包括：交通运行状态信息、视频图像信息、交通事故信息、情报板信息、ETC 使用信息、苏通卡使用信息等。

4.2.2.6 云计算数据中心与交警道路交通信息系统

云计算数据中心向交警道路交通信息系统接口传输内容包括：交通事件信息、交通管制信息、气象预警信息、气象预报信息、交通运行状态信息、施工养护信息。

交警道路交通信息系统向云计算数据中心数据接口传输内容包括：交通运行状态信息、施工养护信息、交通事件信息、交通管制信息、交通事故信息等。

4.2.2.7 云计算数据中心与公路局干线公路信息系统

云计算数据中心向公路局干线公路信息系统接口传输内容包括：交通事件信息、交通管制信息、气象预警信息、气象预报信息、交通运行状态信息、施工养护信息等。

公路局干线公路信息系统向云计算数据中心数据接口传输内容包括：交通运行状态信息、施工养护信息、交通事件信息、交通管制信息、交通事故信息等。

4.2.2.8 云计算数据中心与养护系统

云计算数据中心向养护系统接口传输内容包括：交通运行状态信息、交通管制信息、交通事件信息、气象预报信息、气象预警信息等。

养护系统向云计算数据中心接口传输内容包括：交通运行状态信息交通管制信息、交通事件信息、交通事故信息、施工养护信息等。

4.2.2.9 云计算数据中心与外省高速公路相关系统

云计算数据中心向外省高速公路相关系统的接口传输内容包括：符合本省信息服务框架的地理基础信息、交通事件信息、交通事件信息、交通施工养护信息、交通管制信息、气象信息等。

外省高速公路相关系统向云计算数据中心的接口传输内容包括：外省高速公路 GIS 基础信息外省交通运行信息、外省交通事故信息、外省交通施工养护信息、外省交通管制信息、外省气象信息等。

4.2.3 数据通信接口要求

4.2.3.1 信息采集系统与云计算数据中心的通信要求

(1)信息检测设备所辖区域内所检测到的信息主动、实时(0.5s 内)、不间断地采集到采集系统数据库中。

(2)在通信传输过程中，如果发现数据丢失，应该立即向检测器发送重发命令，将数据重新进行通信传输。

(3)在网络多次连接失败的情况下，检测原始数据能够通过U盘或其他可移动存储介质，传输到数据中心服务器中。

(4)数据中心系统能够监视检测器和中心之间网络连接情况，而且能监视检测器通信程序的运行情况。当发生通信异常时，发出报警。

4.2.3.2 外部系统与云数据中心的通信要求

(1)外部系统和云数据中心应根据两者间的协定时间间隔主动将协定信息传送至对方数据服务器。

(2)在通信传输过程中，如果发现数据丢失，应该立即向相应系统发送重发命令，将数据重新进行通信传输。

(3)当通信系统发生故障而又无法在短期排除时，如果需要从外部系统接收数据文件，应该能够将外部系统需要上传的数据文件导出/拷贝到U盘或其他移动存储介质上，再通过应用管理软件将数据文件导入/拷贝到云数据中心服务器。

如果需要从云数据中心接收数据文件，应该能够将云数据中心需要下传的数据文件导出/拷贝到U盘或其他移动存储介质上，再通过应用管理软件将数据文件导入/拷贝到外部系统数据服务器。

4.2.3.3 路段数据中心和云数据中心的通信要求

(1)路段数据中心和云数据中心应根据两者间的协定时间间隔主动将协定信息传送至对方数据服务器。

(2)在通信传输过程中，如果发现数据丢失，应该立即向系统发送重发命令，将数据重新进行通信传输。

(3)当通信系统发生故障而又无法在短期排除时，如果需要从路段数据中心接收数据文件，应该能够将路段数据中心需要上传的数据文件导出/拷贝到U盘或其他移动存储介质上，再通过应用管理软件将数据文件导入/拷贝到云数据中心服务器。

如果需要从云数据中心接收数据文件，应该能够将云数据中心需要下传的数据文件导出/拷贝到U盘或其他移动存储介质上，再通过应用管理软件将数据文件导入/拷贝到路段数据中心服务器。

4.2.3.4 应用平台和数据中心的通信要求

(1)应用平台和数据中心应根据两者间的协定时间间隔主动将协定信息传送至对方数据服务器。

(2)在通信传输过程中，如果发现数据丢失，应该立即向系统发送重发命令，将数据重新进行通信传输。

(3)当通信系统发生故障而又无法在短期排除时，如果需要从应用平台接收数据文件，应该能够将应用平台需要上传的数据文件导出/拷贝到U盘或其他移动存储介质上，再通过应用管理软件将数据文件导入/拷贝到数据中心服务器。

如果需要从数据中心接收数据文件，应该能够将数据中心需要下传的数据文件导出/拷贝到U盘或其他移动存储介质上，再通过应用管理软件将数据文件导入/拷贝到应用平台数据服务器。

4.3 数据项约定

在遵照部、省、行业等现行标准规范的基础上，结合江苏省高速公路运营与服务智能化工程建设的具体要求，经协商形成统一的编码与命名规则以及各种数据约定，服务于江苏省智慧高速公路建设。

4.3.1 编码规则

4.3.1.1 编码原则

(1)数据编码的基本原则是：实用、有效、简练、完备、可扩展。

(2)在遵循有关国家和地方标准的基础上，各类编码的定义主要采用可变字符串、数值、二进制等编码方式。

(3)编码必须具备唯一性、明确性。

(4)编码应易于扩展，满足高速公路网络不断发展的要求。

4.3.1.2 路线及路段编码

路线及路段的编码遵循《国家高速公路网命名和编号规则》(JTG A03)及《江苏省高速公路网命名和编码规则》。

4.3.1.3 时间编码

时间均采用完全表示法。系统时间采用中华人民共和国北京时间。数据通信时，时间格式采用扩展格式。

4.3.1.4 道路方向编码

道路方向包括上行、下行和双向。

4.3.1.5 车道编码

车道分路段车道和收费车道。路段车道包括上下行属性和车道号；收费车道参照《收费公路联网收费技术要求》，包括上下行属性、出入口属性和车道号。

4.3.1.6 路桥单位编码

路桥单位编码参考《江苏交通控股系统信息化暂行技术要求——基础信息编码指南》，结合江苏高速公路实际情况，由路桥行业一级子机构编码、路桥行业二级子机构编码、路桥行业三级子机构编码、路桥行业四级子机构编码构成。一级子机构代表路公司，二级子机构代表路段管理处、路段分中心或路公司经营公司等，三级子机构代表服务区、收费站或客服网点，四级子机构代表其他未考虑的机构。

4.3.1.7 设备编码

主要针对外场设备进行编码。设备作为信息化建设中的资产，在满足《江苏交通控股系统信息化暂行技术要求——基础信息编码指南》与《江苏省地方标准——高速公路联网监控系统技术标准》以及现行标准规范的基础上，结合具体情况进行编码，包括所属一级子机构编码、设备类型编码和设备序号。

4.3.1.8 发布路段编码

发布路段的编码继承《江苏省高速公路网命名和编码规则》中各高速公路编码，并根据发布段类别进行分类码添加，编码包含高速公路编码、路段类别码(主线、收费站前后端等)、区域码(参考《江苏省市级区号》)和顺序码。

4.3.1.9 交通事件编码

主要针对每一起交通事件进行编码，交通事件作为信息化建设中的重要的数据来源，在满足《江苏交通控股系统信息化暂行技术要求——基础信息编码指南》的基础上，结合具体情况，包含一级子机构编码、事件录入时间和事件序号。

4.3.2 路网实时运行监测数据约定

4.3.2.1 手机信令交通状态数据

手机信令交通状态数据描述手机信令系统处理产生的高速公路通行状态，包含发布段编号、更新时间、平均行程车速、平均旅行时间、3色拥挤度、5色拥挤度等。

4.3.2.2 气象检测数据

实时气象检测数据描述高速公路气象，包括气象源数据、气象预报信息、气象预警信息等。气象信息包括温度、湿度、降水量、风速、风向、能见度等。气象预报信息包括第一天白天天气、第一天晚上天气、第一天风向、第一天风速等。气象预警信息包括预警类型、发布时间、预警影响区域等。

4.3.2.3 交通调查监测数据

交通调查监测数据描述各路段的交调点获取的交通流信息，包括平均车头间距、时间占有率、车速等。

4.3.2.4 卫星定位采集数据

卫星定位采集数据描述卫星定位交通信息采集系统所获得的车辆高速公路通行状态，包括经度、纬度、速度、高度、方向角等。

4.3.2.5 交通状态融合数据

交通状态融合数据描述统计周期内，车辆在通过该发布段时的通行状态，包括平均行程车速、平均旅行时间、3色拥挤度、5色拥挤度等。

4.3.2.6 交通事件数据

交通事件数据描述由于人、车辆、设施、环境之间的不协调导致正常交通秩序的突发性混乱事件，或者车辆在道路上因过错、意外造成人身伤亡、财产损失的事件与因相关设备设施安装、维护养护等而进行掘路作业，影响道路正常通行的事件，同时也包含了地震、台风、山洪、雷击等不可抗拒的自然灾害造成的事件。交通事件数据包含主数据和事件类型相关的子数据。其中，主数据包括事件编号、事件标题、路线编号、管理路段编号、事件类型、事件等级、事件诱因、发现时间、计划恢复时间、实际恢复时间、事发地点起始桩号、事发地点结束桩号等。事件类型分为平时交通营运管理、交通事故、交通拥堵、恶劣天气、危化品事故处理、施工养护、不法行为、警卫任务、群体事件、设备故障、车辆故障、抛洒物。

4.3.2.7 指挥调度协调指令数据

指挥调度协调指令数据描述指挥调度指令从发现、接收、发布到下发等一系列相关过程信息，包括下发时间、信息内容、有效截止时间、下发人、协调指令状态等。

4.3.2.8 情报板实时数据

情报板实时数据描述情报板所发布的最新交通运行状况、交通设施使用状况、路径诱导、气象和环境条件等信息，包括设备编号、显示的文字、字体、字体大小、图片内容、图片大小、显示方式、每屏显示时间、播放序号、播放类型等。

4.3.2.9 情报板指令数据

情报板指令数据描述情报板所需发布内容以及相应的发布模式，包括设备编号、时间、显示的文字、字体、字体大小、图片内容、图片大小、显示方式等。

4.3.2.10 外场设备运行状态数据

外场设备运行状态数据描述外场设备编号、更新时间与设备状态等相关信息，包括设备编号、更新时间、设备状态等。

4.3.2.11 养排设备及车辆数据

养排设备及车辆数据描述了路公司当前拥有的养排设备及车辆的信息，包括管理公司编号、设备

编号、设备类型、是否正常、是否可借、是否配备 GPS、图片、所在位置、位置桩号、所在位置经度、所在位置纬度等。

4.3.2.12 养排资源数据

养排资源数据描述了路公司当前拥有的养排物资资源信息，包括管理公司编号、资源名称、资源类型、资源数量、计量单位、可使用资源数量等。

4.3.2.13 养排除雪作业数据

养排除雪作业数据描述了每次清排障作业和清扫雪作业的基本信息，包括作业编号、事件编号、路线编号、管理公司编号、记录时间、作业下发时间、响应到达现场时间、结束时间、作业开始里程桩号、作业结束里程桩号、方向、任务类型等。

4.3.2.14 交通管制数据

交通管制数据描述了交通管制的具体信息，用于发生交通管制时路公司上报交通管制相关信息，包括管制编号、事件编号、管制道路编号、（多条路管制多条管制记录）、管制命令发布时间、开始时间、预计结束时间、起始桩号、结束桩号、方向、发布者、阻断原因等。

4.3.2.15 免费放行数据

免费放行数据描述了路公司的收费站免费放行的具体信息，用于路公司上报免费放行相关信息，包括放行编号、事件编号、路线编号、管理公司编号、收费站编号、记录时间、放行原因、汽车数量、货车数量等。

4.3.2.16 车辆闯卡数据

车辆闯卡数据描述了路公司收费站的车辆闯卡具体信息，用于路公司上报车辆闯卡相关信息，包括闯卡记录编号、事件编号、路线编号、管理公司编号、收费站编号、记录时间、闯卡描述等。

4.3.2.17 服务区营运数据

服务区营运数据描述包含服务区的实时车位数据、卡口数据，以及节假日经营信息，存储服务区的节假日经营信息。其中，实时车位数据包含车辆类型、车位总数、剩余车位数、服务区编号、更新时间等；服务区卡口数据包含服务区编号、设备编号、车牌信息、车牌颜色、车牌类型、车型等；服务区经营数据包含服务区编号、年份、节日名称、日均收入(万元)、餐饮收入、商品收入、供应汽油收入、供应柴油收入等。

4.3.3 路网基础数据约定

4.3.3.1 路线基本数据

路线基本数据描述一个地点到另一地点所经过的路线名称、长度与级别等路线相关基础数据。包括路线编号、路线描述、路线名称、起点桩号、终点桩号、起点名称、终点名称、路线总里程、途径地区、道路级别、管理公司编号等。

4.3.3.2 桥梁基本数据

桥梁基本数据描述桥梁的编号、名称、长度、宽度与起止位置等相关基础信息。包含路线编号、桥梁编号、桥梁名称、桥梁类型、桥梁描述、起始位置、结束位置等。

4.3.3.3 隧道基本数据

隧道基本数据描述隧道的编号、名称、类型与起止位置等相关基础信息。包括路线编号、隧道编号、隧道名称、隧道类型、隧道描述、起始位置、结束位置、隧道中心桩号、隧道限高等。

4.3.3.4 管理路段基本数据

管理路段基本数据描述管理路段的编号、名称、方向与起止位置等相关基础信息。包含路线编号、管理路段编号、管理路段名称、管理公司编号、描述、方向、起点桩号、终点桩号、路段长度等。

4.3.3.5 发布路段基本数据

发布路段基本数据描述发布路段的编号、名称与方向等相关基础信息。包含路线编号、发布段编号、发布段名称、描述、方向、发布段类型、起点名称、终点名称、发布段长度等。

4.3.3.6 立交枢纽基本数据

立交枢纽基本数据描述立交枢纽的编号、名称与方向等相关基础信息。包含路线编号、枢纽编号、枢纽名称、描述、管理公司编号、位置桩号、交叉道路、经度坐标、纬度坐标等。

4.3.3.7 收费站基本数据

收费站基本数据描述收费站的编号、名称、类型、关联车道与地理位置等相关基础信息。包含路线编号、收费站编号、收费站名称、收费站类型、描述、管理公司编号等。

4.3.3.8 服务区基本数据

服务区基本数据描述服务区的编号、名称、类型、方向、所涉及业务与地理位置等相关基础信息。包含路线编号、管理公司编号、服务区编号、服务区名称、服务区类型、服务区描述、位置桩号、方向、服务区质量等级等。

4.3.3.9 出入口节点基本数据

出入口节点基本数据描述高速公路出入口的编号、名称、类型和地理位置等相关基础信息。包含路线编号、出入口编号、出入口名称、出入口类型、出入口描述、位置桩号、管理公司编号、连接路线编号、连接路线桩号、连接旅游景点描述等。

4.3.3.10 外场设备基本数据

外场设备基本数据描述外场检测设备的编号、所属管理单位、品牌与维护厂商等相关基础信息。包含路线编号、设备编号、设备类型、描述、设备控制方向、位置桩号、经度坐标、纬度坐标等。

4.3.3.11 摄像机基本数据

摄像机基本数据描述外场摄像机的编号、类型、性能与网络 IP 等相关基础信息。包含设备编号、摄像机类型、视频编号、是否有雨刷、是否定焦、服务器编号等。

4.3.3.12 可变情报板基本数据

可变情报板基本数据描述外场情报板的编号、类型、与性能等相关基础信息。包含设备编号、情报板类型、点阵长度、点阵高度、点阵类型等。

4.3.3.13 车辆检测器基本数据

车辆检测器基本数据描述外场车辆检测器的编号、类型、周期及性能相关的基本信息。包含设备编号、车检器类型、实时采集周期、历史采集周期、是否有历史数据恢复功能等。

4.4 平台软件技术要求

4.4.1 软件体系框架

智慧高速公路运营与服务智能化平台采用数据层、支撑层、应用层三层体系结构，如图 4-1 所示。自下而上第一层为数据层，包含各类数据库；第二层为支撑层，即应用支撑环境，包括应用中间件、基础构件、高层构件等；第三层为应用层，主要包括公众服务类软件、指挥调度类软件等应用软件子系统。

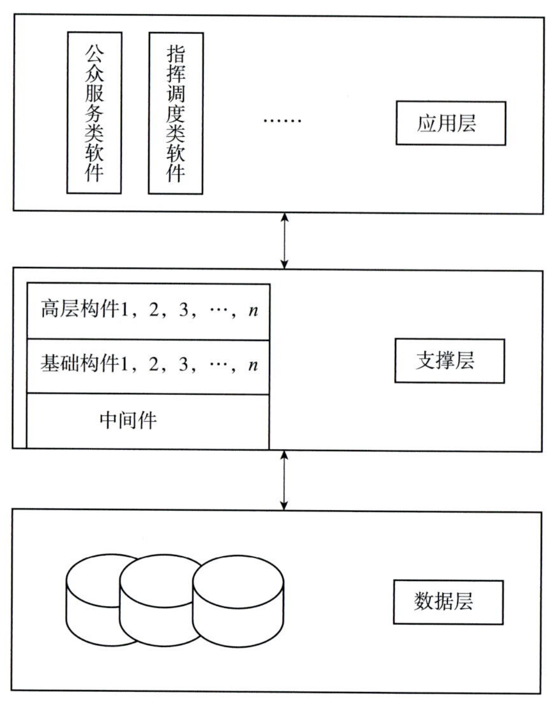

图 4-1　高速公路运营与服务智能化平台体系构架

联网中心高速公路运营与服务智能化平台综合运用数据库技术、数据处理技术、中间件技术、构架/构件技术、工作流技术、交通地理信息系统(GIS-T)技术、XML 和 Web Services 技术等进行设计与开发。

4.4.2　平台软件

平台软件主要包括操作系统和数据库系统管理，为上层提供基本的支撑平台，也为业务逻辑提供基本的支撑。

4.4.2.1　平台软件的选型原则

(1)平台软件选型应以功能、性能、成功应用案例(特别是国内案例)、经验、维护、服务和价格为参考标准。

(2)信息化系统内部宜选择相同、同系列或者相似的平台软件。

(3)平台软件的选择应与所采用的硬件平台相适应。

(4)信息化系统不同层次的平台软件应注意连续性和匹配适应性。

(5)应具有连续的品牌。

4.4.2.2　操作系统

智慧高速公路运营与服务智能化平台选用的操作系统应能够为系统各业务的集成开发和应用提供基础的支撑，要求具有抢占式多任务处理能力、多级系统容错能力等。操作系统应满足以下原则：

(1)具备高水平的系统、网络和事务安全功能。

(2)操作系统应具备多任务处理能力。

(3)具备内存管理和系统管理功能。

(4)提供多级系统容错能力。

一般情况下，联网中心宜采用小型机服务器(双机热备份系统)，各路桥公司一般采用双机热备份系统。联网中心局域网服务器宜采用 UNIX、Linux 等服务器操作系统；其他局域网服务器一般宜选用 Linux、UNIX、Windows 等服务器操作系统。

4.4.2.3 数据库管理系统

1）服务器数据库管理系统选型原则

（1）数据库系统应具备支持海量数据处理的能力。

（2）支持 SQL 及多种开发语言，支持分布式处理、支持客户/服务器（C/S）结构、支持浏览器/服务器（B/S）结构。

（3）支持高性能的并发控制和联机事务处理。

（4）支持主要网际互联协议（如 TCP/IP、APPC 等）和局域网协议（如 TCP/IP、SPX/IPX）。

（5）支持 SMP 系统。

（6）支持可变长二进制存取及提供相应的多媒体开发工具；具有良好的可移植性和可扩展性。

（7）确保信息化系统有很好的安全性、灾难恢复和事务完整性。

（8）支持大量的第三方产品，能满足不断发展中的各类业务需求。

（9）支持 Cluster 集群系统，并能自动实现任务均衡和任务切换。

（10）至少支持 Net、J2EE、PowerBuilder、Delphi、Microsoft Visual C + +、Visual Basic 等开发工具，并同时具备完善的 Internet 开发工具。

2）服务器数据库

数据库产品宜选用：Oracle，Informix，Sybase，SQL anywhere，MS－SQL sever 和 DBⅡ等。

4.4.2.4 网络管理软件

网络管理软件的功能需求如下：

（1）网络管理范围覆盖整个硬件系统，包括路由器、交换机、服务器、工作站、UPS 电源、通信传输和访问控制等。

（2）网络维护功能：网络监控、测试、报警、供电、故障处理与修复。

（3）日常管理功能：通过分析网络通信量及设备利用率等方面数据，优化网络配置，提高利用率。

4.4.2.5 软件管理软件

软件管理软件的功能需求如下：

（1）简化软件安装、配置等管理工作，及时发现软件安装、配置及运行过程中出现的问题。

（2）实时监控信息化系统内的所有服务器、工作站上的软件安装情况、软件运行状态及重要进程的运行情况，在此基础上进行实时管理。

（3）提供完备的软件管理手段，提高系统的安全性和稳定性。

4.4.3 应用中间件及基础构件

应用中间件及其构件是支撑层，主要包括应用中间件和基础构件，为建立其上的应用业务层提供基本的支撑。

4.4.3.1 应用中间件

应用中间件的是独立的系统软件或服务程序运行在多种硬件和操作系统平台上，屏蔽硬件和操作系统的异构性，支持分布式计算，支持标准的协议，支持标准的接口，使应用业务逻辑容易划分，隔离应用构件与复杂系统资源，并支持软件重用，提供对应用构件的管理。

联网中心和各路桥公司的智慧高速公路运营与服务智能化平台建议选用统一的中间件平台，且中间件厂商具备长期提供后继技术服务的能力。

4.4.3.2 基础构件

基础构件应为专用的构件，需依据联网中心的智慧高速公路运营与服务智能化平台要求进行具体的开发。基础构件分为数据操作类、典型应用业务逻辑类等。其中，数据操作类基础构件主要实现对运营与服务应用业务相关的基础数据的描述或计算，如异构数据转换、数据抽取等功能。应用业务逻辑类基础构件实现对信息化系统的基础数据有关业务逻辑部分的操作。

4.4.3.3 高层构件及构件管理

联网中心智慧高速公路运营与服务智能化平台的高层构件是指通过对各类基础构件的进一步封装而形成的直接对上层业务子系统提供支持的构件，实现对智能化平台软件业务应用模块的支撑，如参数操作日志、报表制作等。

联网中心高速公路运营与服务智能化平台软件开发及集成应充分采用构件技术(即应用中间件)实现软件复用，包括构件获取、构件模型、构件描述语言、构件分类与检索、构件复合组装、标准化等。

构件管理负责控制信息化系统各构件的处理流程，相关的任务请求经业务模块传递给构件管理，根据业务逻辑与规则，调度相应的构件完成该任务请求，当任务请求完成后，根据定制信息将请求执行后返回的处理结果传递给指定的处理单元，同时达到规范应用开发、屏蔽异构数据访问和系统集成的目的。

4.4.4 软件开发工具

联网中心智慧高速公路运营与服务智能化平台软件的应用开发工具宜选用：商用中间件、.Net、Java、Visual C++、Visual Basic、PowerBuilder、Informix-4GL、Delphi 等通用开发工具。

4.4.5 软件开发的一般规定

4.4.5.1 应用软件开发应遵循的标准及规范

(1)《计算机软件分类与代码》(GB/T 13702)。

(2)《信息处理系统工程计算机系统配置图符号及约定》(GB/T 14085)。

(3)《软件工程标准分类法》(GB/T 15538)。

(4)《信息技术　软件生存周期过程》(GB/T 8566)。

(5)《计算机软件需求规格说明规范》(GB/T 9385)。

(6)《计算机软件测试文档编制规范》(GB/T 9386)。

(7)《计算机软件质量保证计划规范》(GB/T 12504)。

(8)《计算机软件配置管理计划规范》(GB/T 12505)。

(9)《计算机软件工程规范国家标准汇编》包括全部现行有效的计算机软件工程规范及其相关的国家标准。

(10)《信息处理　数据流程图、程序流程图、系统流程图、程序网络图和系统资源图的文件编制符号及约定》(GB/T 1526)。

(11)《信息技术　软件生存周期过程》(GB/T 8566)。

(12)《信息技术　软件产品评价　质量特性及其使用指南》(GB/T 16260)。

(13)《信息技术　软件包质量要求和测试》(ISO/IEC 9126、GB/T 17544)。

4.4.5.2 应用软件开发应提供的技术资料

智慧高速公路运营与服务智能化平台软件开发过程中，除源代码和可执行程序外，一般应产生以下 14 种文件：

(1)可行性研究报告。

(2)项目开发计划。
(3)软件需求说明书。
(4)数据要求说明书。
(5)概要设计说明书。
(6)详细设计说明书。
(7)数据库设计说明书。
(8)用户手册
(9)操作手册。
(10)模块开发卷宗。
(11)测试计划。
(12)测试分析报告。
(13)开发进度月报。
(14)项目开发总结报。

4.5 系统安全技术要求

为保障平台安全，需从物理安全、主机安全、网络安全、应用安全、数据安全等统一规划，建立安全访问认证、运行环境的安全保障以及完善的备份数据中心来保障安全性。

4.5.1 物理安全

4.5.1.1 物理位置的选择

选择机房场地应满足以下需求：

(1)基本要求：机房和办公场地应选择在具有防震、防风和防雨等能力的建筑内，机房场地应避免设在用水设备的下层或隔壁。
(2)防火要求：避开易发生火灾和危险程度高的地区，如油库和其他易燃物附近的区域。
(3)防污染要求：避开尘埃、有毒气体、腐蚀性气体、盐雾腐蚀等环境污染的区域。
(4)防潮及防雷要求：避开低洼、潮湿及落雷区域。
(5)防震动和噪声要求：避开强震动源和强噪声源区域。
(6)防强电场、磁场要求：避开强电场和强磁场区域。
(7)防地震、水灾要求：避开有地震、水灾危害的区域。
(8)防公众干扰要求：避免靠近公共区域，如运输通道、停车场或餐厅等。

4.5.1.2 物理访问控制

机房内部防护要求应满足：

(1)机房出入口应安排专人值守，控制、鉴别和记录进入的人员。
(2)进入机房的来访人员应经过申请和审批流程，并限制和监控其活动范围。
(3)没有管理人员的明确准许，任何记录介质、文件材料及各种被保护品均不准带出机房，磁铁、私人电子计算机或存储设备、食品、饮料、香烟、吸烟用具等均不准带入机房。

4.5.1.3 防盗窃和防破坏

机房防盗窃、防破坏应满足：

(1)将主要设备放置在机房内。
(2)将设备或主要部件进行固定，并设置明显的、不易除去的标记。

(3)将通信线缆铺设在隐蔽处，可铺设在地下或管道中。

(4)对介质分类标识，存储在介质库或档案室中。

(5)主机房应安装必要的防盗报警设施。

4.5.1.4 防雷击

机房防雷击应满足：

(1)应设置避雷装置等有效防雷措施。

(2)应设置接地装置等有效接地措施。

4.5.1.5 防火

机房应设置灭火设备和火灾自动报警系统。

4.5.1.6 防水和防潮

机房防水、防潮应满足：

(1)水管安装不得穿过机房屋顶和活动地板下。

(2)采取措施防止雨水通过机房窗户、屋顶和墙壁渗透。

(3)采取措施防止机房内水蒸气结露和地下积水的转移与渗透。

4.5.1.7 防静电

机房关键设备应采用必要的接地防静电措施。

4.5.1.8 温湿度控制

机房应设置温度、湿度自动调节设施，使机房温度、湿度的变化在设备运行所允许的范围之内。

4.5.1.9 电力供应

机房供电应满足：

(1)在机房供电线路上配置稳压器和过电压防护设备。

(2)提供短期的备用电力供应，预留柴油发电机接口，满足关键设备在断电情况下的正常运行要求。

4.5.1.10 电磁防护

机房电源线和通信线缆应隔离铺设，避免互相干扰。

4.5.2 网络安全

4.5.2.1 结构安全

网络结构设计应满足：

(1)保证关键网络设备的业务处理能力具备冗余空间，满足业务高峰期需要。

(2)保证接入网络和核心网络的带宽满足业务高峰期需要。

(3)绘制与当前运行情况相符的网络拓扑结构图。

(4)根据各部门的工作职能、重要性和所涉及信息重要程度，划分不同的子网或网段，并按照方便管理和控制的原则为各子网、网段分配地址段。

4.5.2.2 访问控制

通过在系统区域边界部署防火墙或其他访问控制设备，并通过访问控制策略，实现边界协议过滤。访问控制设备需具备以下功能：

(1)能根据会话状态信息为数据流提供明确的允许/拒绝访问的能力，控制粒度为网段级。

(2)按用户和系统之间的允许访问规则，决定允许或拒绝用户对受控系统进行资源访问，控制粒度为单个用户。

4.5.2.3 安全审计

通过部署网络审计系统或使用安全网络设备等，收集、记录网络的相关安全事件。网络审计系统需具备以下功能：

(1)对网络系统的网络设备运行状况、网络流量、用户行为等进行日志记录。

(2)审计记录应包括事件的日期和时间、用户、事件类型、事件是否成功及其他与审计相关的信息。

4.5.2.4 边界完整性防护

通过在边界部署检测设备实现探测非法外联和入侵等行为，完成对边界的完整性保护。检测设备需具备以下功能：

(1)能通过监视端口扫描强力攻击、木马后门攻击、拒绝服务攻击、缓冲区溢出攻击、IP 碎片攻击和网络蠕虫攻击等攻击行为。

(2)能检测内部网络中用户私自连接到外部网络的行为。

4.5.2.5 网络设备防护

网络设备防护应满足：

(1)对登录网络设备的用户进行身份鉴别。

(2)对网络设备的管理员登录地址进行限制。

(3)网络设备用户的标识应唯一。

(4)身份鉴别信息应具有不易被冒用的特点，口令应有复杂度要求并定期更换。

(5)具有登录失败处理功能，可采取结束会话、限制非法登录次数和当网络登录连接超时自动退出等措施。

(6)当对网络设备进行远程管理时，应采取必要措施防止鉴别信息在网络传输过程中被窃听。

4.5.3 主机安全

4.5.3.1 身份鉴别

通过使用符合信息安全等级保护要求的安全操作系统或相应的系统加固软件实现用户身份鉴别，安全操作系统或系统加固软件需具备以下功能：

(1)对登录操作系统和数据库系统的用户进行身份标识和鉴别，宜支持数字证书进行身份认证。

(2)操作系统和数据库系统管理用户身份标识应具有不易被冒用的特点，口令应有复杂度要求并定期更换。

(3)启用登录失败处理功能，可采取结束会话、限制非法登录次数和自动退出等措施。

(4)对服务器进行远程管理时，应采取必要措施，防止鉴别信息在网络传输过程中被窃听。

(5)为操作系统和数据库系统的不同用户分配不同的用户名，确保用户名具有唯一性。

4.5.3.2 访问控制

通过使用符合信息安全等级保护要求的安全操作系统或相应的系统加固软件，并结合安全策略需求实现自主访问控制安全要求。安全操作系统或系统加固软件需具备以下功能：

(1)依据安全策略控制用户对资源的访问。

(2)实现操作系统和数据库系统特权用户的权限分离。

(3)限制默认账户的访问权限，重命名系统默认账户，修改这些账户的默认口令。

(4)及时删除多余的(过期的)账户，避免共享账户的存在。

4.5.3.3 安全审计

通过部署安全审计系统，收集、记录业务主机的相关安全事件。业务主机的审计系统需具备以下功能：

（1）审计范围覆盖服务器上的每个操作系统用户和数据库用户。

（2）审计内容包括重要用户行为、系统资源的异常使用和重要系统命令的使用等系统内重要的安全相关事件。

（3）审计记录包括事件的日期、时间、类型、主体标识、客体标识和结果等。

（4）保护审计记录，避免受到未预期的删除、修改或覆盖等。

4.5.3.4 入侵防范

业务主机的操作系统应遵循最小安装的原则，仅安装需要的组件和应用程序，并通过设置升级服务器等方式保持系统补丁及时得到更新。

4.5.3.5 恶意代码防范

通过部署防病毒系统或配置具有相应功能的安全操作系统，实现业务主机的病毒防护以及恶意代码防范。病毒防护系统需具备以下功能：

（1）远程控制与管理。

（2）全网查杀毒。

（3）防毒策略的定制与分发。

（4）实时监控客户端防毒状况。

（5）病毒与事件报警。

（6）病毒日志查询与统计。

（7）集中式授权管理。

（8）全面监控邮件客户端。

4.5.3.6 资源控制

（1）通过设定终端接入方式、网络地址范围等条件限制终端登录。

（2）限制单个用户对系统资源的最大或最小使用限度。

4.5.4 应用安全

4.5.4.1 身份鉴别

通过开发独立的身份鉴别功能模块或使用符合信息安全等级保护要求的其他系统防护软件实现系统身份鉴别，身份鉴别功能模块或系统防护软件应具备以下功能：

（1）提供专用的登录控制模块对登录用户进行身份标识和鉴别。

（2）提供用户身份标识唯一和鉴别信息复杂度检查功能，保证应用系统中不存在重复用户身份标识，身份鉴别信息不易被冒用。

（3）提供登录失败处理功能，可采取结束会话、限制非法登录次数和自动退出等措施。

（4）启用身份鉴别、用户身份标识唯一性检查，启用用户身份鉴别信息复杂度检查以及登录失败处理功能，并根据安全策略配置相关参数。

4.5.4.2 访问控制

访问控制是使用户在安全策略控制范围内，对创建的客体分配各种访问操作权限，并能通过权限管理，严格控制客体的操作行为。

通过开发独立的授权访问控制功能模块或使用符合信息安全保护要求的系统防护软件进行系统加固实现授权访问控制安全要求。授权访问控制功能模块或系统防护软件需具备以下功能：

（1）提供访问控制功能，依据安全策略控制用户对文件、数据库表等客体的访问。

（2）访问控制的覆盖范围应包括与资源访问相关的主体、客体及它们之间的操作。

（3）由授权主体，即专职管理员配置访问控制策略，并严格限制默认账户的访问权限。

（4）授予不同账户为完成各自承担任务所需的最小权限，并在它们之间形成相互制约的关系。

4.5.4.3 安全审计

通过开发独立的审计功能模块或部署审计系统，探测、记录、相关安全事件，实现系统安全审计。审计系统需具备以下功能：

（1）提供覆盖每个用户的安全审计功能，对应用系统重要安全事件进行审计。

（2）保证无法单独中断审计进程，无法删除、修改或覆盖审计记录。

（3）审计记录的内容至少应包括事件的日期、时间、发起者信息、类型、描述和结果等。

4.5.4.4 通信完整性

应采用校验码技术保证通信过程中数据的完整性。

4.5.4.5 通信保密性

（1）通信双方建立连接之前，应用系统应利用密码技术进行会话初始化验证。

（2）对通信过程中的敏感信息字段进行加密。

4.5.4.6 抗抵赖

抗抵赖指部级路网平台与省级路网平台之间上传下达数据的安全保障。

通过部署在省、部级路网平台的密码设备，依托行业统一的证书认证体系，实现对交互数据的数字签名，确保交互数据的真实性和抗抵赖性。

1）数字签名机制

系统参与者应对发出的业务报文加编数字签名，对接收的加签业务报文核数字签名。加、核数字签名的规则如下：

（1）数字签名编制标准：信息发送数据包即签名要素串；使用业务发送方的数字证书（私钥）对签名要素串签名，签名的校验算法使用 MD5WithRSA 算法；将签名值使用 BASE64 转码后填写到报文的数字签名域。

（2）数字签名核验标准：信息交互报文使用不带原文的数字签名（PKCS#7，Ddach 签名）。核验该数字签名，按报文格式标准中的加签要素组织签名要素串；使用该公钥、签名要素串、数字签名，核验数字签名的合法性，应使用证书注销列表文件（CRL）检查证书是否已被注销；核验通过后，各接收参与机构应存储业务及其签名备查。

为验证签名者证书的有效性，行业密钥管理与安全认证中心负责定期发布 CRL 更新列表，系统参与者自行导入系统，以 CRL 列表为准核验数字证书的合法性。

2）数字证书与系统参与者绑定

行业密钥管理与安全认证中心负责编制业务签名的数字证书，以系统参与者为单位申请和使用，系统参与者向行业密钥管理与安全认证中心申请并领取证书后，行业密钥管理与安全认证中心将通报全部系统参与者。

系统参与者成功申请并导入数字证书后，才可以发起业务报文，其他系统参与者接收到业务报文时需验证数字证书和数字签名的合法性。

4.5.4.7 软件容错

（1）提供数据有效性检验功能，保证通过人机接口输入或通过通信接口输入的数据格式或长度符合系统设定要求。

（2）在故障发生时，应用系统应能够继续提供一部分功能，确保能够实施必要的措施。

4.5.4.8 资源控制

（1）当应用系统通信双方中的一方在一段时间内未做任何响应时，另一方应能够自动结束会话。

(2)能够对系统的最大并发会话连接数进行限制。

(3)能够对单个账户的多重并发会话进行限制。

4.5.5 数据安全及备份恢复

4.5.5.1 数据完整性

通过密码技术支持的完整性保护机制和数据备份系统，共同实现用户数据完整性保护。密码技术支持的完整性保护机制需具备能够检测到系统管理数据、鉴别信息和涉密业务数据在传输、存储过程中完整性受到破坏，并在检测到完整性错误时采取必要的恢复措施的功能。

4.5.5.2 数据保密性

采用加密或其他有效措施实现系统管理数据、鉴别信息和涉密业务数据传输、存储的保密性。

4.5.5.3 备份和恢复

(1)提供本地数据备份与恢复功能，完全数据备份至少每天一次，备份介质场外存放。

(2)提供异地数据备份功能，利用通信网络将关键数据定时批量传送至备用场地。

(3)采用冗余技术设计网络拓扑结构，避免关键节点存在单点故障。

(4)提供主要网络设备、通信线路和数据处理系统的硬件冗余，保证系统的高可用性。

4.5.6 安全管理要求

4.5.6.1 安全管理制度

1)管理制度

(1)制定信息安全工作的总体方针和安全策略，说明机构安全工作的总体目标、范围、原则和安全框架等。

(2)对安全管理活动中重要的管理内容建立安全管理制度。

(3)对安全管理人员或操作人员执行的重要管理操作建立操作规程。

2)制定和发布

(1)指定或授权专门的部门或人员负责安全管理制度的制定。

(2)组织相关人员对制定的安全管理制度进行论证和审定。

(3)将安全管理制度以某种方式发布到相关人员手中。

3)评审和修订

定期对安全管理制度进行评审，对存在不足或需要改进的安全管理制度进行修订。

4.5.6.2 安全管理机构

1)岗位设置

(1)设立安全主管、安全管理等方面的负责人岗位，并确定各负责人的职责。

(2)设立系统管理员、网络管理员、安全管理员等岗位，并确定各工作岗位的职责。

2)人员配备

(1)配备一定数量的系统管理员、网络管理员、安全管理员等。

(2)安全管理员不能兼任网络管理员、系统管理员、数据库管理员等。

3)授权和审批

(1)根据各个部门和岗位的职责明确授权审批部门及批准人，对系统投入运行、网络系统接入和重要资源的访问等关键活动进行审批。

(2)针对关键活动建立审批流程，并由批准人签字确认。

4)审核和检查

安全管理员应负责定期进行安全检查，检查内容包括系统日常运行、系统漏洞和数据备份等情况。

4.5.6.3 人员安全管理

1)人员录用

(1)指定或授权专门的部门或人员负责人员录用。

(2)规范人员录用过程，对被录用人员的身份、背景和专业资格等进行审查，对其所具有的技术技能进行考核。

(3)与从事关键岗位的人员签署保密协议。

2)人员离岗

(1)规范人员离岗过程，及时终止离岗员工的所有访问权限。

(2)取回各种身份证件、钥匙、徽章等以及机构提供的软硬件设备。

(3)办理严格的调离手续。

3)人员考核

定期对各个岗位的人员进行安全技能及安全认知的考核。

4)安全意识教育和培训

(1)对各类人员进行安全意识教育、岗位技能培训和相关安全技术培训。

(2)告知人员相关的安全责任和惩戒措施并对违反、违背安全策略和规定的人员进行惩戒。

(3)制订安全教育和培训计划，对信息安全知识、岗位操作规程等进行培训。

5)外部人员访问管理

确保外部人员在访问受控区域前得到授权或审批，批准后由专人全程陪同或监督，并登记备案。

4.5.6.4 系统运行维护管理

1)环境管理

(1)指定专门的部门或人员定期对机房供配电、空调、温湿度控制等设施进行维护管理。

(2)配备机房安全管理人员，对机房的出入、服务器的开机或关机等工作进行管理。

(3)建立机房安全管理制度，对有关机房物理访问，物品带进、带出机房和机房环境安全等方面的管理作出规定。

2)介质管理

(1)确保介质存放在安全的环境中，对各类介质进行控制和保护，并实行存储环境专人管理。

(2)对介质归档和查询等过程进行记录，根据存档介质的目录清单定期进行盘点。

(3)对需要送出维修或销毁的介质，首先清除其中的敏感数据，防止信息的非法泄露。

(4)根据所承载数据和软件的重要程度，对介质进行分类和标识管理。

3)设备管理

(1)对公路网运行监测与服务系统相关的各种设备(包括备份和冗余设备)、线路等，指定专人定期进行维护管理。

(2)对终端计算机、工作站、便携机、系统和网络等设备的操作和使用进行规范化管理，按操作规程实现关键设备(包括备份和冗余设备)的启动/停止、加电/断电等操作。

4)网络安全管理

(1)指定人员对网络进行管理，负责运行日志、网络监控记录的日常维护和报警信息的分析和处理工作。

(2)建立网络安全管理制度，对网络安全配置、日志保存时间、安全策略、升级与打补丁、口令更新周期等方面作出规定。

(3)根据厂家提供的软件升级版本对网络设备进行更新，并在更新前对现有的重要文件进行备份。

(4)定期对网络系统进行漏洞扫描，对发现的网络系统安全漏洞及时进行修补。

(5)对网络设备的配置文件进行定期备份。

(6)保证所有与外部系统的连接均得到授权和批准。

5)系统安全管理

(1)根据业务需求和系统安全，分析确定系统的访问控制策略。

(2)定期进行漏洞扫描，对发现的系统安全漏洞及时进行修补。

(3)安装系统的最新补丁程序，在安装系统补丁前，应首先在测试环境中测试通过，并对重要文件进行备份后，方可实施系统补丁程序的安装。

(4)建立系统安全管理制度，对系统安全策略、安全配置、日志管理和日常操作流程等方面作出规定。

(5)依据操作手册对系统进行维护，详细记录操作日志，包括重要的日常操作、运行维护记录、参数的设置和修改等，严禁进行未经授权的操作。

(6)定期对运行日志和审计数据进行分析，以便及时发现异常行为。

6)恶意代码防范管理

(1)提高所有用户的防病毒意识，及时升级防病毒软件，在读取移动存储设备上的数据以及网络上接收文件或邮件之前，先进行病毒检查，外来计算机或存储设备接入网络系统之前也应进行病毒检查。

(2)指定专人对网络和主机进行恶意代码检测并保存检测记录。

(3)对防恶意代码软件的授权使用、恶意代码库升级、定期汇报等作出规定。

7)密码管理

使用符合国家密码管理规定的密码技术和产品。

8)变更管理

(1)确认系统中要发生的重要变更，并制定相应的变更方案。

(2)系统发生重要变更前，应向主管领导申请，审批后方可实施变更，并在实施后向相关人员通告。

9)备份与恢复管理

(1)识别需要定期备份的重要业务信息、系统数据及软件系统等。

(2)规定备份信息的备份方式、备份频度、存储介质、保存期等。

(3)根据数据的重要性及其对系统运行的影响，制定数据的备份策略和恢复策略，备份策略指明备份数据的放置场所、文件命名规则、介质替换频率和数据离站运输方法。

10)安全事件处置

(1)报告所发现的安全弱点和可疑事件，但任何情况下用户均不应尝试验证弱点。

(2)制定安全事件报告和处置管理制度，明确安全事件类型，规定安全事件的现场处理、事件报告和后期恢复的管理职责。

(3)根据国家相关管理部门对计算机安全事件的等级划分方法和安全事件对本系统产生的影响，对本系统计算机安全事件进行等级划分。

(4)记录并保存所有报告的安全弱点和可疑事件，分析事件原因、监督事态发展，采取措施避免安全事件的发生。

4.6 运行维护系统技术要求

4.6.1 功能要求

运行维护系统是对平台内软硬件设施，以及外场设施的运行状态进行监控、记录、存储、告警和展示的系统。通过对内外场设施的实时监控，可以提前发现系统运行过程中潜在的问题，为本项目平台各系统安全，稳定和高效运行提供保障。

运行维护系统主要包括资产管理、内场设施运行状态监控、外场设施运行状态接入和应用展示等功能。

4.6.1.1 资产管理子系统

资产管理子系统管理项目平台内软硬件设备的相关属性信息，例如设备编号、型号、IP 地址、生产厂商、规格、购买日期、所属项目、运维单位等。主要功能包括资产查询模块、资产录入模块、资产统计分析模块等，具体如表 4-1 所示。

资产管理子系统功能　　表 4-1

功能模块	功能描述
资产查询模块	对资产进行按编号、型号、项目、IP 地址等多条件查询
资产录入模块	(1)资产模块配置 (2)资产属性信息录入系统
资产统计分析模块	(1)按资产分类进行统计 (2)按项目进行资产分类统计 (3)按故障数量进行统计

4.6.1.2 内场设施运行状态监控子系统（表 4-2）

内场设施运行状态监控子系统功能　　表 4-2

功能模块	功能描述
监控数据采集模块	(1)根据管理对象定义的管理指标进行统一采集 (2)采集需要支持代理采集和无代理采集
监控数据管理模块	(1)对通过采集功能采集的管理对象指标信息进行处理 (2)根据管理对象的指标阀值来判断采集的指标是否正常
监控告警模块	(1)对通过采集功能采集的管理对象指标信息进行处理 (2)根据管理对象的指标阀值来判断采集的指标是否正常
监控数据分析模块	(1)根据采集的管理对象状态信息，对数据中心运行情况进行分析 (2)如果是正常则显示正常信息，对异常信息则进入后续处理

4.6.1.3 外场设施运行状态接入子系统（表 4-3）

路公司采集外场设施的运行状态，并把采集的运行状态上报到数据中心。数据中心对外场设施的故障进行告警和展示。

外场设施运行状态接入子系统功能　　表 4-3

功能模块	功能描述
设备基础数据接收	(1)由路公司提供各公司自有的外场设施完整基础数据资料 (2)数据完整、无遗漏
设备监控数据获取	由路公司将外场设备状态数据按指定格式要求上传
设备监控状态分析	(1)对上传设备状态数据进行分析 (2)记录异常状态设备

续上表

功能模块	功能描述
设备监控状态告警	(1)将分析后的异常状态数据发出告警 (2)对告警设备进行跟踪，直至设备恢复正常
设备状态展示	(1)将由路公司上传的设备状态数据进行格式调整 (2)对设备状态、网络结构、数据流量进行可视化展示 (3)状态信息更新周期为5min (4)对异常设备进行界面提 (5)对已有工单跟踪处理
设备基本属性	展示外场设备的基本属性

4.6.1.4 应用展示子系统（表4-4）

通过可视化界面，对业务流程、网络拓扑、运行状态、机房主机、系统架构等内容结合实时采集的运行状态信息进行展示。

应用展示子系统功能　　表4-4

功能模块	功能描述
数据获取模块	获取业务流程、网络拓扑、运行状态、机房主机、系统架构等数据信息
数据转化模块	将获取的业务流程、网络拓扑、运行状态、机房主机、系统架构等数据信息转为可视化形式
数据展示模块	将采集的实时运行状态信息在界面上进行展示

4.6.1.5 系统管理子系统（表4-5）

系统管理子系统是运行维护系统的核心组成部分，为其他各子系统提供了强大的功能支持，该子系统主要由运行状态查询功能、进程管理功能、系统展示界面等模块组成。

系统管理子系统功能　　表4-5

功能模块	功能描述
参数管理功能	(1)系统参数添加 (2)系统参数修改 (3)系统参数删除等
运行状态查询功能	(1)要求在20s内完成对全省高速公路运行状态查询功能 (2)支持不同路段运行状态查询功能 (3)支持多用户并行查询功能
进程管理功能	(1)支持对运行各进程的进程文件、进程名称、描述等信息获取功能 (2)进程信息获取时间要求小于200ms (3)进程信息自动备份功能
系统展示界面	(1)提供操作人员登入系统的可视化界面 (2)支持系统参数修改 (3)支持系统运行参数查询 (4)响应时间小于3s

4.6.1.6 日志管理子系统（表 4-6）

日志管理子系统要求记录系统中硬件、软件和系统问题的信息，同时监视系统中发生的事件。用户可以通过它来检查错误发生的原因，或者寻找受到攻击时攻击者留下的痕迹，可以对系统软件运行的日志记录进行查询、导出。

日志管理子系统　　表 4-6

功能模块	功能描述
操作日志查询模块	（1）系统日志是记录系统中硬件、软件和系统问题的信息 （2）监视系统中发生的事件
系统运行日志管理模块	对日志管理模块进行管理和控制

4.6.1.7 系统整体测试和调优（表 4-7）

系统整体测试及调优是较为精准的定位问题，借助于相应的工具包，分析系统性能瓶颈位置，根据其性能指标，以及所处于层级决定选择优化的方式方法。该子系统包括：系统整体性能测试、系统整体稳定性测试、系统整体压力测试、系统整体容灾性测试、系统整体健壮性测试等项功能模块。

系统整体测试和调优功能　　表 4-7

功能模块	功能描述
系统整体性能测试	（1）测试 CPU 性能 （2）测试磁盘性能 （3）测试内存性能
系统整体稳定性测试	（1）长时间运行及各种操作下，软件的稳定性以及各种性能指标的劣化趋势性能 （2）多进程或多线程运行时的稳定性 （3）不同操作系统，在不同宿主软件下运行的稳定性
系统整体压力测试	（1）如果平均中断数量是每秒一到两次，那么设计特殊的测试用例产生每秒十次中断 （2）输入数据量增加一个量级，确定输入功能将如何响应 （3）在虚拟操作系统下，产生需要最大内存量或其他资源的测试用例，或产生需要过量磁盘存储的数据
系统整体容灾性测试	（1）数据容灾测试 （2）应用容灾测试等
系统整体健壮性测试	（1）通过测试 （2）灾难性失效——这是系统健壮性测试中最严重的失效，就是通常所说的“死机”的测试 （3）重启失效——一个系统函数的调用没有返回，使得调用它的程序挂起或停止测试 （4）夭折失效——程序运行时由于异常输入，系统发出错误代码使程序中止的测试 （5）沉寂失效——异常输入时，系统应当发出错误代码，但是测试结果却没有发生异常的测试 （6）干扰失效——系统异常时返回了错误代码，但是该错误代码却不是期望中的错误代码的测试

4.6.2 性能要求

4.6.2.1 服务器

(1)对服务器进行监控，通报网络协议或专有软件进行数据采集。
(2)对服务器的 CPU、内存、磁盘、网卡等信息进行监控。
(3)提供不少于 1 000 台服务器的监控能力。
(4)巡检频率至少应满足每 5min 一次的要求。
(5)对服务器必须进行统一登记管理。
(6)服务器变更必须填写变更表，经管理部门允许，方能变更。
(7)对于非法变更的设备，进行记录，发出告警信息。
(8)系统同时满足人工巡检数据录入功能，并通过图表方式展示。
(9)录入内容至少应包含巡检日期、巡检人员、巡检科目等。
(10)出现异常情况必须立即发出告警信息至相关人员，异常恢复后，发送状态恢复信息。
(11)告警及恢复信息通过邮件或短信等方式发送。
(12)告警方式及告知人员可以通过人工配置进行管理。
(13)可以生成监控报表，对事件进行分析统计。

4.6.2.2 磁盘阵列

(1)对磁盘阵列进行监控，通过网络协议或专用软件进行数据采集。
(2)对管理的磁盘、控制器等信息进行监控。
(3)满足至少 2 套以上磁盘阵列监控的能力。
(4)巡检频率至少应满足每 5min 一次的要求。
(5)对磁盘阵列必须进行统一登记管理。
(6)磁盘阵列变更必须填写变更表，经管理部门允许，方能变更。
(7)对于非法变更的设备，进行记录，发出告警信息。
(8)系统同时满足人工巡检数据录入功能，并通过图表方式展示。
(9)录入内容至少应包含巡检日期、巡检人员、巡检科目等。
(10)出现异常情况必须立即发出告警信息至相关人员，异常恢复后，发送状态恢复信息。
(11)告警及恢复信息通过邮件或短信等方式发送。
(12)告警方式及告知人员可以通过人工配置进行管理。
(13)可以生成监控报表，对事件进行分析统计。

4.6.2.3 磁带库

(1)对磁带库须进行统一登记管理。
(2)磁带库变更必须填写变更表，经管理部门允许，方能变更。
(3)对非法变更设备进行记录，发出告警信息。
(4)系统同时满足人工巡检数据录入功能，并通过图表方式展示。
(5)录入内容至少应包含巡检日期、巡检人员、巡检科目等。
(6)告警及恢复信息通过邮件或短信等方式发送。
(7)告警方式及告知人员可以通过人工配置管理。
(8)可以生成监控报表，对事件进行分析统计。

4.6.2.4 网络设备

1)网络资源状态

(1)IP 地址管理

①满足对 IP 地址的监控功能。

②可以对 IP 地址池容量、活动 IP 地址、可用 IP 地址等信息进行监控。

③通过网络协议进行数据采集。

④巡检频率至少应满足每小时一次。

⑤对 IP 地址必须进行统一登记管理。

⑥IP 地址变更必须填写变更表，经管理部门允许，方能变更。

⑦对于非法使用 IP 地址的设备进行记录，发出告警信息。

⑧系统同时满足人工巡检数据录入功能，并通过图表方式展示。

⑨录入内容至少应包含巡检日期、巡检人员、巡检科目等。

⑩出现异常情况必须立即发出告警信息，并通过邮件或短信等方式告知相关人员。

⑪异常恢复后，发生状态恢复信息。

⑫可以生成监控报表，对事件进行分析统计。

(2)网络设备

①满足对网络设备的监控功能。

②可以对交换机、路由器、设备端口、ACL、VLAN、NAT 表、路由表等信息进行监控。

③通过网络协议进行数据采集。

④巡检频率至少应满足每 10min 一次。

⑤对网络设备、路由信息、NAT 表、VLAN 等进行统一登记管理。

⑥信息变更必须填写变更表，经管理部门允许，方能变更。

⑦对于非法进行设备变更的，系统作出记录，并发出告警信息。

⑧系统同时满足人工巡检数据录入功能，并通过图表方式展示。

⑨录入内容至少应包含巡检日期、巡检人员、巡检科目等。

⑩出现异常情况必须立即发出告警信息，并通过邮件或短信等方式告知相关人员。

⑪异常恢复后，发生状态恢复信息。

⑫可以生成监控报表，对事件进行分析统计。

(3)网络流量

①满足对网络流量的监控功能。

②可以对交换机、路由器、防护墙等进行流量监控。

③通过网络协议进行数据采集，对收费网流量、监控网流量、运营商专线进行监控并图形展示。

④巡检频率至少应满足每 5min 一次。

⑤对网络流量进行阈值设定，并进行流量管理。

⑥系统同时满足人工巡检数据录入功能，并通过图表方式展示。

⑦录入内容至少应包含巡检日期、巡检人员、巡检科目等。

⑧出现异常情况必须立即发出告警信息，并通过邮件或短信等方式告知相关人员。

⑨异常恢复后，发生状态恢复信息。

⑩可以生成监控报表，对事件进行分析统计。

2)核心防火墙、核心交换机、光纤交换机

(1)端口工作状态

①通过网络协议进行监控设备端口运行状态。

②监控设备端口 UP/DOWN 状态，error、discard 状态。

③巡检频率至少应满足每 5min 一次。

(2)端口流量

①通过网络协议进行监控设备流量监控。

②监控端口 in、out 流量值。

③巡检频率至少应满足每 5min 一次。

(3)设备冗余状态

①通过网络协议进行设备工作状态监控。

②监控设备 active/standby 状态。

③监控设备主备切换状态。

④巡检频率至少应满足每 5min 一次。

4.6.3 环境要求

4.6.3.1 机房状态

主要对机房的温度、适度、空调运行状态、供电和机房荷载进行运行维护管理。需要满足以下要求：

(1)巡检频率至少应满足每小时一次。

(2)系统同时满足人工巡检数据录入功能，并可通过图表方式展示。

(3)录入内容至少应包含巡检日期、巡检人员、巡检科目等。

(4)出现异常情况必须立即发出告警信息至相关人员，异常恢复后，发送状态恢复信息。

(5)告警及恢复信息通过邮件或短信等方式发送。

(6)告警方式及告知人员可以通过人工配置管理。

(7)可以生成监控报表，对事件进行分析统计。

4.6.3.2 UPS 备用电源

对 UPS 备用电源的运行维护管理除需满足机房状态的要求外，UPS 的状态还需满足以下要求：

1)充电状态

确保 UPS 在市电供电的情况下，处于正常充电状态。

2)电池组状态

确保电池无漏液等现象，电池容量实际值大于设计容量值 85%。

3)放电状态

确保 UPS 在正常放电情况下，系统输出电压满足设计要求，且 UPS 供电能力应大于 2h。

5 智慧高速公路建设实施办法

5.1 项目实施组织

智慧高速公路建设可按照图 5-1 所确定的结构进行项目组织，图中各组织的分工职责参见表 5-1。

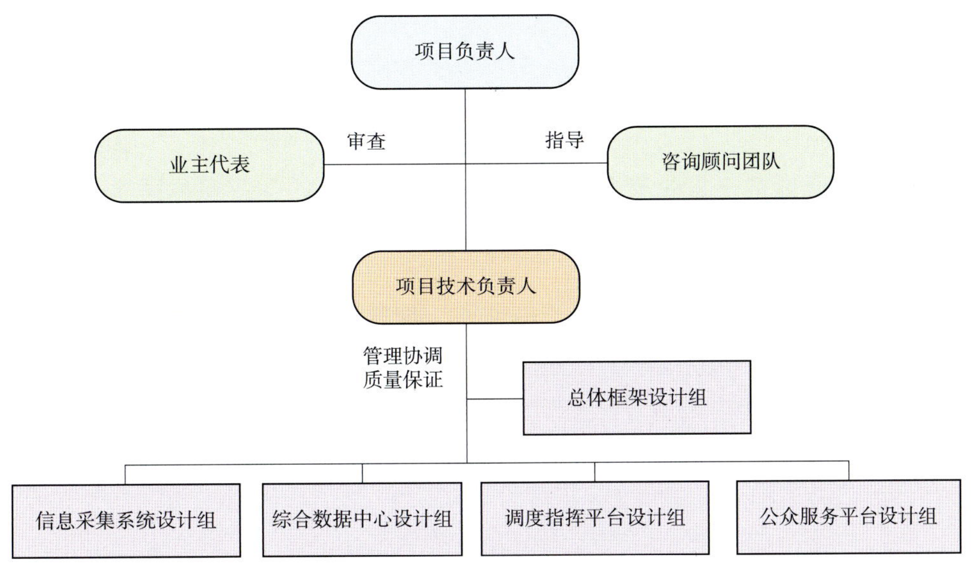

图 5-1　项目总体组织结构

项目组织分工职责情况　　表 5-1

组　名	职　责　描　述
项目负责人	1. 负责制订本项目实施过程中的方针、政策；制订总体计划； 2. 监督并协调项目的实施进程，邀请咨询顾问机构对本项目进行指导； 3. 协调各方的资源； 4. 定期审核听取项目组成员的工作汇报，对项目存在的重大问题进行协调解决
业主代表	业主代表是交通控股公司、联网中心、相关路桥公司的部门负责人，主要对项目进行审查，提出自己的需求
咨询顾问机构	负责整个项目的指导工作，对实施进程中出现的问题予以分析、讨论并给出概要方案
项目技术负责人	1. 制订和落实项目计划； 2. 随时解决项目中出现的各种问题； 3. 对项目的总体实施负责； 4. 对重要的问题做决策，对重大的问题需上报项目负责人； 5. 负责阶段评审和变更评审工作
总体框架设计组	1. 负责对整个设计技术方向的把握； 2. 确定信息化设计整体架构和系统组成； 3. 负责基础信息资源数据标准的制定工作； 4. 对重大技术问题进行评估和决策； 5. 参与各项目组对项目成功实施有重要作用的问题讨论； 6. 对有争议问题的决策需上报项目技术负责人

续上表

组　名	职　责　描　述
信息采集系统设计组	1. 负责采集系统框架的设计； 2. 负责采集端技术方案的设计； 3. 负责采集设备的总体布设方案和选型关键技术的设计； 4. 对有争议问题的决策需与总体框架设计组协商
云计算数据中心设计组	1. 负责云计算数据中心的整体设计； 2. 负责云计算数据中心交通数学模型及相关系统功能模块设计； 3. 负责云计算数据中心安全防御体系设计； 4. 负责云计算数据中心数据服务标准与服务方式规范制定； 5. 负责云计算数据中心运维方案设计； 6. 对有争议问题的决策需与总体框架设计组协商
调度指挥平台设计组	1. 负责调度指挥平台的整体设计； 2. 负责整理、理顺现有调度指挥业务关系并反映到设计文件； 3. 负责实时交通信息综合展示、运营状态分析系统、调度指挥联动机制设计； 4. 对有争议问题的决策需与总体框架设计组协商
公众服务平台设计组	1. 负责公众服务平台体的整体设计； 2. 负责整理、理顺现有公众服务业务关系并反映到设计文件； 3. 负责各种方式信息发布系统的方案、出行服务信息管理方案设计； 4. 对有争议问题的决策需与总体框架设计组协商

5.2　建设进程计划

智慧高速公路的建设需要考虑到各地区高速公路路网现有系统资源以及地域地理位置和经济水平差异。本书以江苏智慧高速公路建设经验为例，智慧高速公路建设分为重点示范阶段、区域推广阶段、全省实施阶段，如图 5-2 所示。

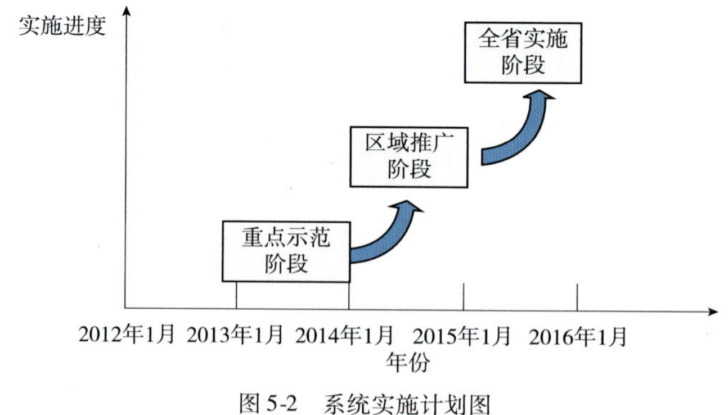

图 5-2　系统实施计划图

5.2.1　重点示范阶段

重点示范阶段为 2013 年。在全省路网运营与服务智能化平台整体规划和设计的基础上，选择宁沪高速公路江苏段、扬子大桥和广靖锡澄高速公路为示范路段，江苏高速公路联网营运管理有限公司为示范点，进行运营与服务智能化平台示范性建设，在示范路段、示范点率先实现高速公路信息化管理的基本现代化，为区域推广和全省实施阶段的建设提供示范。

通过示范阶段建设，在示范路段、示范点初步建成前端数据采集系统、云计算数据中心、公众服务平台和指挥调度平台，搭建起系统“一个中心、两个平台”的基本框架，并初步实现系统在数据采集、整合、分析、处理以及应用各阶段的主要功能。示范阶段的基本任务是为区域推广和全省实施阶段的建设积累经验，重点在于运营与服务智能化平台构架的选择、标准的制定、相应功能的实现等，并初步形成相关技术规范、应用流程和配套管理方案等，为后续建设起到示范作用。

5.2.2 区域推广阶段

区域推广阶段为2014年。建设任务分为两方面，一方面对重点示范阶段已建的运营与服务智能化平台进一步完善和提升，另一方面根据上述两路一桥以及联网中心在重点示范阶段的建设经验，结合苏南路网信息化现状，完成苏南路网信息化工程建设，将系统的覆盖范围从示范路段扩展到苏南路网，实现苏南高速公路管理的基本现代化。

推广阶段的建设并不仅仅是对示范阶段建设的简单复制，而是在充分总结示范阶段建设经验的基础上，对相应建设成果进行完善后的推广。通过推广阶段的建设，运营与服务智能化平台构架、标准进一步完善，整体框架更加合理，数据采集系统稳定性与可用性进一步提升，数据流向趋于优化，数据处理分析更符合两个平台各子系统的应用要求等，并形成成熟的技术规范、应用流程和配套管理方案，指导下一阶段建设。

5.2.3 全省实施阶段

全省实施阶段是2015年，在充分借鉴重点示范阶段和区域推广阶段较为成熟经验的基础上，在已经形成的较为完善的技术规范、应用流程的指导下，将运营与服务智能化平台建设推广到全省高速公路，实现全省高速公路管理的基本现代化。

全省实施阶段建设分为两方面，一方面是在苏中、苏北路网进行信息化建设，另一方面是完善和提升已建的运营与服务智能化平台，最终建成覆盖全省路网的信息采集系统，面向全省路网营运管理的公众服务平台和指挥调度平台，以及能够支撑起平台应用的数据中心，实现全省路网运营与服务智能化平台规划与设计的总体要求。

5.3 实施保障措施

信息化设计项目需要明确整个项目的目标和质量要求，确定出项目工作清单中各项任务结果相关的质量及测试要求，制定质量控制流程和方法以保证项目达到质量标准。设计文件按照ISO 9001(2007版)质量体系程序文件运作，加强事先指导、过程检查和设计评审工作，注重基础资料的调查、收集和对国内外先进手段、设备的了解，做好项目的顶层设计与各分项目组的协调，进行各方案的综合分析，确保设计的合理性、可行性、安全性和经济性，牢固树立“质量第一”“用户至上”的观点，将质量落实到设计的全过程中。

质量管理是涉及各个小组间的贯穿整个项目过程之间的重要活动，必须建立一个规范的质量保证体系，以明确组织内部的质量保证业务，保证各项活动的顺利开展。同时，制订质量保证计划，确定质量目标，确定在每个阶段为达到总目标所应达到的要求，对进度作出安排，确定所需的人力、资源和成本等。具体来说，质量保证措施通常应包含质量保证承诺、阶段性评审、设计咨询、问题汇总反馈和质量改进过程等，以保证项目达到预计效果。

质量保证应强调在事前和事中控制质量，而不是事后进行控制，可以尽早地发现开发过程中引入的错误和缺陷，提高了质量保证的效率，同时由于在前期发现问题修复的成本要远远小于后期修复的成本，因此也大大降低了整个项目开发的成本。

阶段评审可以用于项目开发生命周期的每个阶段，如需求分析、设计等，都需要及时组织相关人员对诸如需求说明书、设计说明书等对象进行评审，以便发现问题、总结经验。评审通过则项目可以进入下一阶段，否则必须经过改正并进行复审。

为了提高评审的效果，应该充分准备好有针对性的检查单。无论是阶段评审还是上述的变更评审，评审的方式可以是多样的，不拘一格的；可以是会议评审、会签评审、其他设计单位审查等，关键是要通过引入评审机制去及时发现并分析隐藏的问题和缺陷。

参考文献

[1] 东南大学. 江苏省高速公路网运营与服务智能化平台设计[R]. 2013.

[2] 史子然，杨云峰. 美国的高速公路管理体制[J]. 中外公路，2000(1)：1-8.

[3] Stateof Wisconsin Department of Transportation. http：//wisconsindot. gov/Pages/home. aspx. 2015-09-30.

[4] 511，http：//www. 511. org/. 2015-09-30.

[5] New York State Thruway Authority. http：//www. thruway. ny. gov/index. shtml. 2015.

[6] Kalman，R. E. A new approach to linear filtering and prediction problems. Journal of Fluids Engineering，82(1)，35-45.

[7] 王笑京，李爱民，董雷宏. 公路网运行监测与服务暂行技术要求[Z]. 2012.

[8] 王炜，过秀成. 交通工程学[M]. 南京：东南大学出版社，2011.

[9] 何赏璐，冉斌，张健，等. 省域高速公路网运营与服务信息化平台研究[J]. 交通运输工程与信息学报，2015(2)：50-57.

[10] 王若霞，陈卓. 智慧高速公路系统建设探究[J]. 中国交通信息化，2013，S1：33-35.

[11] 黄玉姣. 智慧高速平台的设计与实现[J]. 北方交通，2015(12)：12-16.

[12] 王洪涛，曹德洪，沈洁华，等. 高速运行服务管理模式浅探[J]. 管理观察，2013，522(31)：135-137.

[13] 邹国平. 基于智能的高速公路交通控制与管理系统研究[D]. 西安：长安大学，2002.

[14] 张一衡，沈刚. 重点营运车辆动态数据在智慧高速中的应用[J]. 中国交通信息化，2015(S1)：22-25.

[15] 郝建明，徐青松，唐又林. 高速公路智慧型营运管理平台研究[J]. 上海船舶运输科学研究所学报，2013，36(01)：12-17.

[16] 陶敦普. 物联网开启"智慧高速路"时代[N]. 东莞日报，2011-08-08(C04).

[17] 侯庆平. GIS在高速公路管理系统中的应用研究[D]. 长沙：湖南大学，2001.

[18] 郝媛，徐天东，孙立军，等. 高速公路设施管理信息系统的研究和开发[J]. 山东交通学院学报，2005，13(4)：65-68.

[19] 李金丹，黄志勇，闫茂德. 高速公路视频监控及运营管理系统设计与实现[J]. 西安工程大学学报，2015，29(02)：200-204.

[20] 王兴举，杨磊，高桂凤. 日本VICS及ETC的发展状况与实施效果[J]. 交通标准化，2010，226：65-68.

[21] 李安民. VICS对中国智能道路建设的启示[J]. 全球定位系统，1999，24(3，4)：21-24.

[22] 陈海明，崔莉，谢凯斌. 物联网体系结构与实现方法的比较研究[J]. 计算机学报，2013，36(1)：171-186.

[23] 徐文斌. 大数据时代的交管综合应用云平台[C]. 2008：205-511.

[24] 黄骞，梁军. 智慧城市云平台机理研究[J]. 信息技术与标准化，2014(07)：27-30.

[25] 刘晓茜. 云计算数据中心结构及其调度机制研究[D]. 合肥：中国科技大学，2011.

[26] 赵吉志，李金，姚翠楠. 云计算数据中心及标准化发展[J]. 信息技术与标准化，2011(03)：30-34.

[27] 杨柳. 基于云计算的GIS应用模式研究[D]. 南京：河海大学，2011.

[28] 方静. 物联网背景下基于公众服务的交通信息整合架构[J]. 公路与汽运，2012，149(02)：

79-83.

[29] 张国伍. 智能交通物联网与综合交通信息服务——“交通7+1论坛”第三十次会议纪实[J]. 2013, 13(2): 1-8.

[30] 王庆波. 虚拟化与云计算[M]. 北京: 电子工业出版社, 2009.